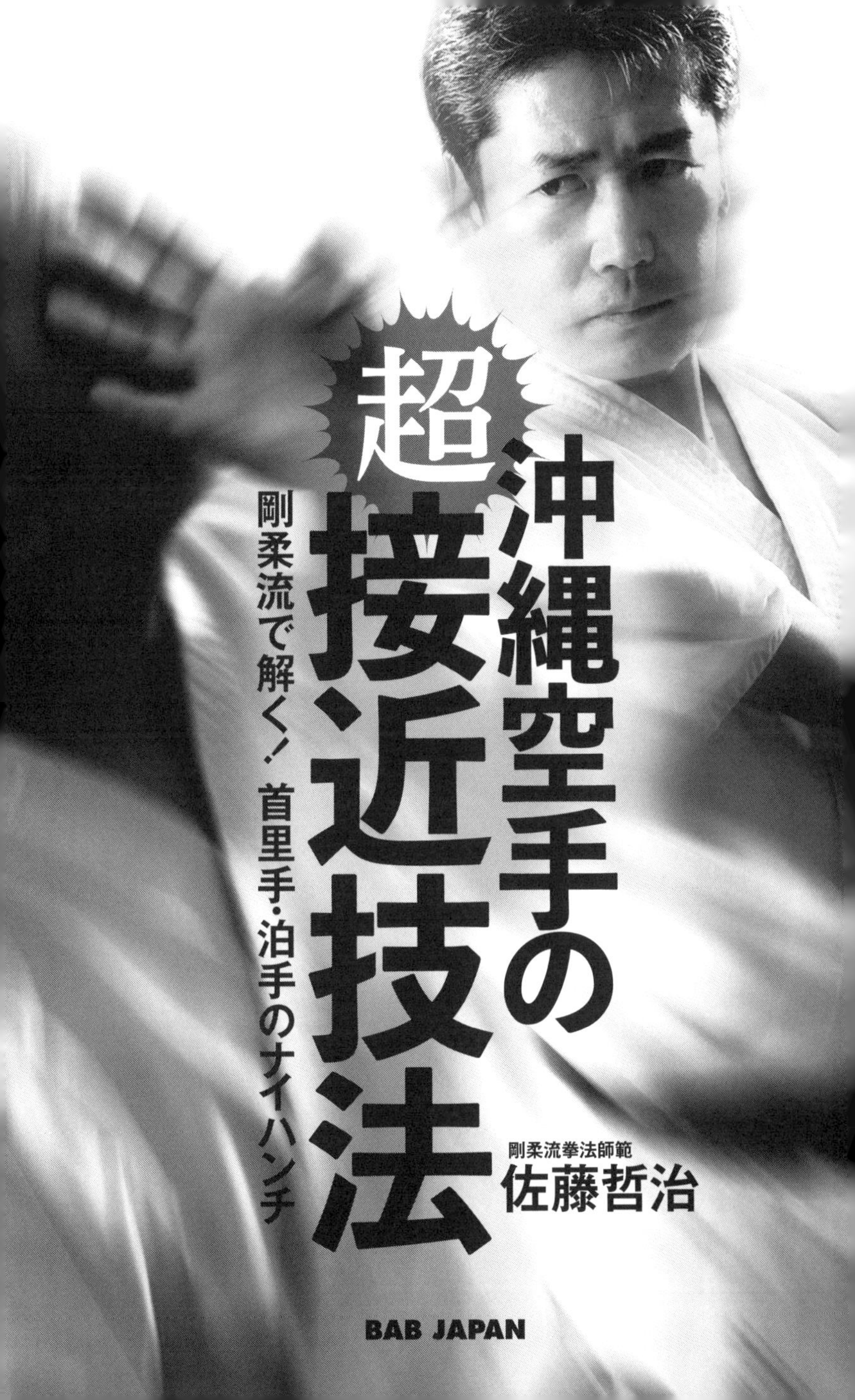

沖縄空手の超接近技法

剛柔流で解く！ 首里手・泊手のナイハンチ

剛柔流拳法師範
佐藤哲治

BAB JAPAN

はじめに

前著『沖縄古伝 剛柔流拳法で解く！ 空手の不思議』が意外な反響をいただきました。筆者自身が抱いてきた空手に関する多くの疑問「空手の不思議」が、読者の皆さんに共感いただけたのかもしれません。

前著では空手の基本動作一般の流れに沿った形で、一見不合理にも見える空手の技について筆者なりの見解を記してきましたが、そんな「空手の不思議」は、一冊の書籍で著しきれるものではありません。

型を通じて戦いの技術を学ぶ武術として伝承された沖縄の空手。しかし、型の動きというものは一般に、ただ見ただけではその意味はよくわからない部分が多いでしょう。武術としての観点から見れば、技を盗まれないという点で、ある意味大成功なのですが、それがゆえに本来の意図からかけ離れた解釈が世界中に広がり、そうしたものが「空手」であると認識されてしまった感もあります。発祥地の沖縄で脈々と受け継がれてきた、空手本来の武術としての技術が失われつつあるという現状は、前著に記したとおりです。

現在広く行われている空手のほとんどは、首里手・泊手《とまりて》・那覇手という三大系統のいずれか、あるいはその複数に由来します。そして一般に、泊手を含む首里手系と那覇手では、間合いの取り方から技の使い方、呼吸法から鍛錬法まで、その特徴を大きく異にするというイメージがあるようです。

しかし、果たして本当にそうなのでしょうか？　確かにかつては筆者もそうしたイメージを持っていましたが、那覇手である沖縄古伝 剛柔流拳法を久場良男《くばよしお》師、そして、その筆頭師範であり、首里手・泊手の達人でもある新城孝弘《しんじょうたかひろ》師に師事する中で至った結論。それは、首里手・泊手・那覇手の型に秘められた技術はそう変わらない。もっと言えば、首里手・泊手・那覇手のいずれもが、多かれ少なかれ超接近戦に通ずる、ということなのです。

もともと見た目では何をやっているかわかりにくい空手の型。だからこそ誤ったイメージを持ってこれを見た時に、技の解釈にバイアスがかかり、こじつけの解釈が生まれ、型が本来意図する技術と離れていく。結果として一層わけのわからない「空手の不思議」が生み出される…。

であれば、本来の首里手・泊手・那覇手の技術とは、どういったものなのだろうか？　空手の技術を正しく理解しようとするならば、まずそこを解き明かしていく必要があります。

　型が意図する本来の意味を理解することなしに、ただ競技の演目として、昇段審査の課題として、型の流れをなぞるだけではもったいない。そうであったならば、いくら形競技で良い成績を残したとしても、昇段審査で何段になったとしても、空手が身についたということとは別のことです。他競技のアスリートが肉体的に強いのと同じように、体を鍛え抜いた分だけ強くなったということに過ぎません。空手を真摯に学ぶ者であればあるほど、複雑な気持ちになることでしょう。

　本書では、空手の三大系統である首里手・泊手・那覇手の技術を検証することで、実態とは異なるステレオタイプのイメージから生まれた、「空手の不思議」を解き明かし、武術として伝承された、発祥地の沖縄の空手に迫っていきたいと思います。

剛柔流拳法師範　佐藤哲治

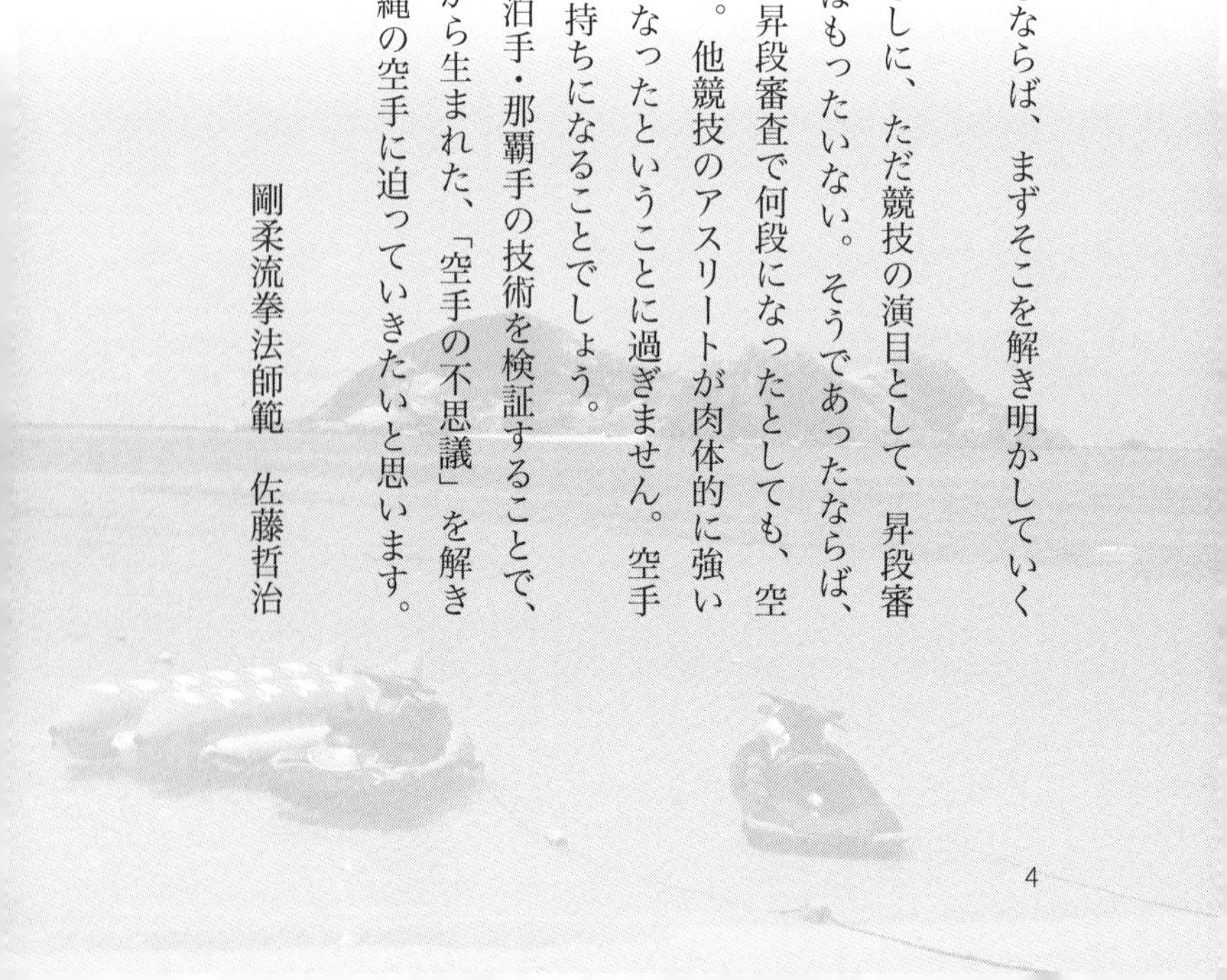

梅川

CONTENTS

第1章

沖縄空手の三大系統、首里手・泊手・那覇手

すべての沖縄空手は超接近戦だった⁉

空手の源流を発祥地の沖縄にたどる時、首里手、泊手、那覇手という言葉が出てきます。いずれも首里、泊、那覇といった地名を冠し、それに琉球王国時代の沖縄において武術一般を指した「手」を組み合わせた言葉です。現存する空手のほとんどは、この三大系統につながるものでしょう。

これらは流派名ではなく、それぞれの地域で修練されていた手という意味で理解すべきものですが、首里手からは小林流、少林流などが派生しています。本土の空手でいえば、船越義珍が伝えた松濤館や船越に学んだ和道流も首里手系とすることができるでしょう。そして首里手と泊手を含めた松林流や少林寺流があり、少林流にも泊手を含めた会派があります。

泊手は首里手に吸収される形で「首里手系」として一括りにされることがあります。両者に共通する型がいくつかあることや、両者の型を共に継承する流会派があることも、その理由であるかもしれませんが、筆者としては本来一括りにはせずに記していきたいものです。両者に共通する型であっても、泊手の動きを学ぶことで、首里手の技術への理解が一層深まるからです。

ただ本稿においては、論旨をわかりやすくするため、便宜上両者を含めて「首里手系」として表現することが多くなることをご了承ください。

那覇手は主として剛柔流として継承されており、本土の極真空手も剛柔流の色合いが入っていると言われます。

こうした空手の系統について、空手を学ぶ者一般が持つステレオタイプのイメージとしては、首里手系は、敵の拳足を刀剣とみなし、遠い間合いを想定して動きが敏捷。スマートな体から、瞬速の一撃により敵を倒す。那覇手は近い間合いの接近戦を想定。筋骨を鍛えたがっちりとした体格で、柔術技法の取手技などが特徴的。だいたいそんなイメージではないかと思います。

しかし、そうしたイメージは本当に実態に合っているのでしょうか？　那覇手剛柔流を久場良男師に学ぶ筆者が、首里手・泊手にも精通する新城孝弘師に学んだ技術を振り返った時、「首里手系は遠い間合い」、「那覇手は近い間合い」というステレオタイプのイメージはしっくりきません。

首里手であれ、泊手であれ、那覇手であれ、本来それは武術です。時や場所を選ばず、また逃げるという選択肢もない状況下、当然ルールというものにも守られない。そうした中にあって、相手を制圧する以外に自らの身を守る手段が存在しない場合の戦いは、いずれも必然的に接近戦となるのではないでしょうか。というより、接近して体に触れることができない限り、相手を制圧することはできません。

仮に離れた間合いで対峙したとしても、必ず入り身して間合いを詰め、受け、打撃、取手、投げ、固めなどの様々な技、あるいは、これらいくつもの要素を備えた技術を展開して相手を制圧していきます。

空手の型には、そうした一連の技術が合理的に組み込まれています。実際、久場師に学ぶ那覇手剛柔流拳法はもとより、新城師に学ぶ首里手・泊手の技術は、いずれも超接近戦に通ずるものです。

そこで本書においては、「首里手・泊手・那覇手は、いずれも超接近戦に通ずる」という命題を掲げ、筆者なりの見解を記していきます。

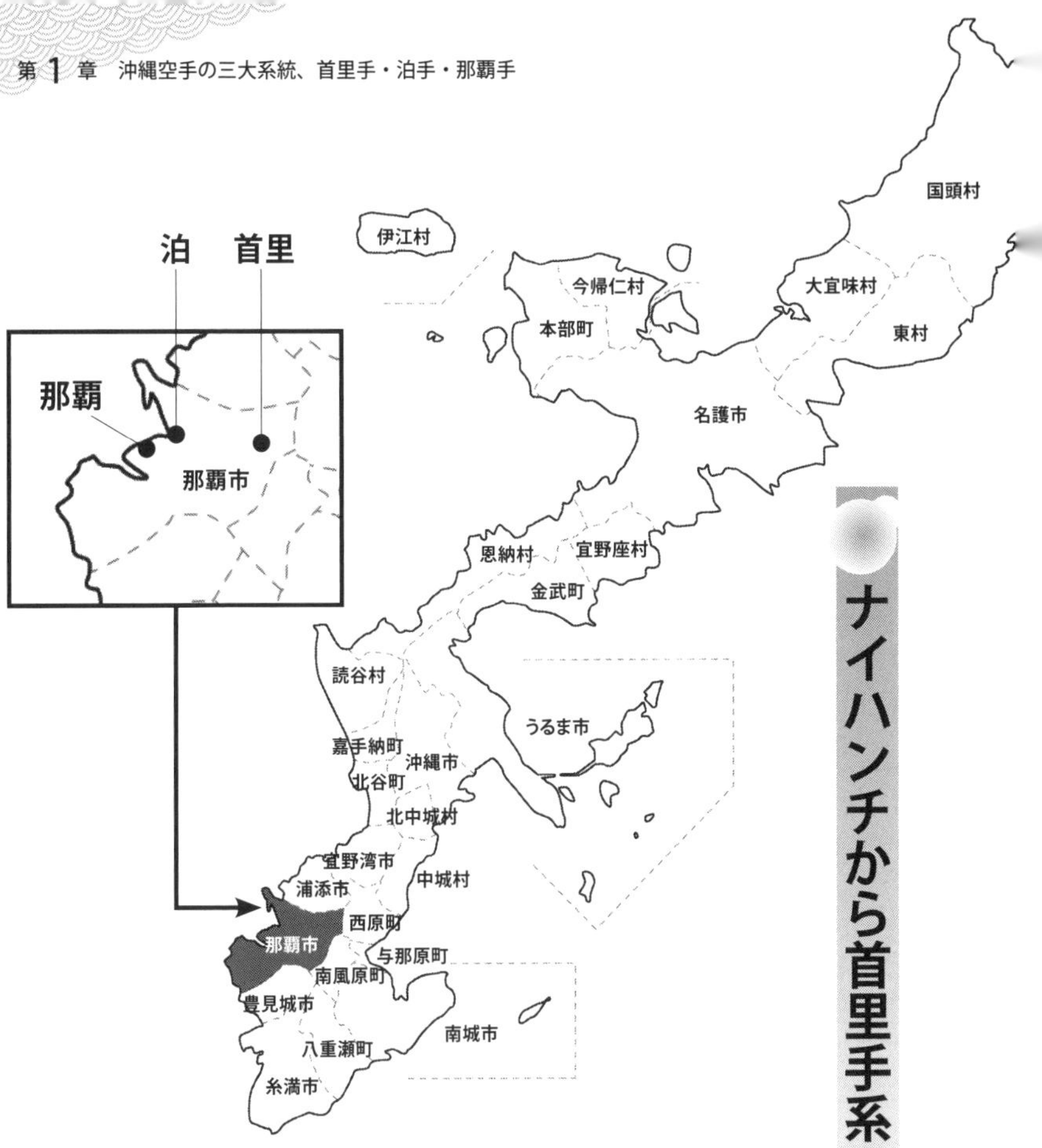

ナイハンチから首里手系の超接近戦を解く

実際に沖縄を訪れてみるとよくわかるのですが、首里、泊、那覇といっても、ごく近接した地域の中にあります。もちろんいずれも現在の那覇市の一部です。

今や全世界で1億3千万人もの愛好者を有するとされる空手道の源流が、いずれもいかに敵を効果的、効率的に制するかという共通の目的を目指した「手」という武術であるにもかかわらず、しかも同じ時代の狭い地域の中で、そんなに技術が違ってくるのでしょうか？　首里も泊も昔の那覇も、みんな同じ那覇市ではありませんか。

これが筆者の思い込みであるならそれでいいのです。仮に誰かが、「首里手、泊手、那覇手は、型に含まれる技術の解釈がこんなに違いますよ」と説明をしてくれたならば、「なるほど、大変勉強になりました」と素直に納得することでしょう。

しかし、筆者が沖縄に通い詰め、師につき、型に秘められた技術を学べば学ぶほど、追究すればするほど感じることは、確かに修練する型や稽古体系、見た目の風格やそれぞれの系統が育まれた経緯に違いはあっても、その実用法に大きな違いはないということです。

であるならば、それぞれの型に秘められた技術を検証してみれば、「首里手・泊手・那覇手は、いずれも超接近戦に通ずる」という命題の答えが、おのずと導き出されるはずです。そのためには、それぞれの系統において一番の基本とされる型を読み解けば、その本質が見えてくることでしょう。

ここで、そもそも那覇手が超接近戦に通ずるということは、一般的な認識のとおり、筆者にも異論はありません。すると、本書の命題を解くためには、「首里手・泊手も超接近戦に通ずる」ということを明らかにすればよく、その基本であるナイハンチに含まれる技術を検証してみることで、自ずと明らかになってくるはずです。そして、その系統の基本たる型である以上、冒頭一定の挙動を見れば、その意図するところが表れてくるはずです。

本書では、首里手・泊手の基本とされるナイハンチを検証することで、首里手・泊手も超接近戦に通ずる、すなわち「首里手・泊手・那覇手は、いずれも超接近戦に通ずる」という命題を解き明かしていきたいと思います。

沖縄土着の武術「手」の起源

本書の命題を解くためには、その前提として、そもそも首里手・泊手・那覇手とは何なのかということを整理しておく必要があります。簡単に言えば首里で修練されていた空手、泊で修練されていた空手、那覇で修練されていた空手ということですが、まずもってそのあたりを見ていきます。

現在の空手界にあっては、小林流、少林流、松林流、松濤館流、和道流、糸東流、剛柔流な

宮城長順

新里仁安

ど多くの流派が存在しますが、そのほぼいずれもが首里手・泊手・那覇手の三大系統のいずれか、あるいはその複数につながります。

しかし、そもそも空手が生まれたとされる琉球王国時代、あるいはそれ以前の沖縄においては、現在のような流派名というものはありませんでした。武術は皆「手」であり、棒術であれば棒の手、中国の武術であれば唐手《トゥディ》、松村という武人の武術であれば、松村の手といった具合です。

空手において流派名が名乗られるようになったきっかけは、昭和初期、宮城《みやぎ》長順《ちょうじゅん》師の代理として、新里仁安《しんざとじんあん》師が本土で演武を行ったことに由来します。武道というものには当然にして流派名があるという認識であった当時の武道界にあって、流派名を問われた新里師は答えに窮し、とっさに半硬流と答えたとされています。帰沖後にその報告を受けた宮城師は、本来は流派名を名乗ることには反対であったものの、以後しいて言うならば「剛柔流」と答えるように、としたと伝えられています。

この逸話について、『沖縄空手古武道事典』（柏書房）では昭和5年11月の明治神宮奉納演武としています。他にも昭和4年としているもの、あるいは昭和3年の京都における天皇の即位

渡口政吉師（左）と久場良男師（右）。1974年頃

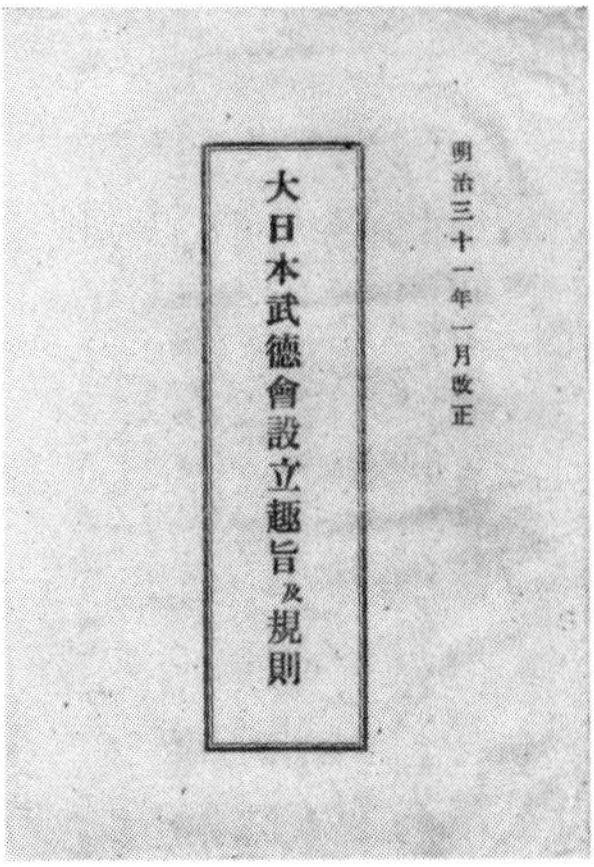

明治三十一年一月改正

大日本武德會設立趣旨及規則

『大日本武徳会設立趣旨及規則（明治31年1月改正）』表紙（大沼道州範士所蔵の原本より複写）

を祝う演武大会など、いくつかの説があるようです。

久場師の師であり、宮城師に直接教えを受けた渡《と》口《ぐち》政吉《せいきち》師によれば、京都における大日本武徳会の演武会がきっかけになっているものと伝えられています。当時の我が国の武道界においては、同会に登録されることが日本武道として公認されることと同義という、日本武道界の最高権威団体でした。

参考までに、新里師はお勤めになられていた沖縄県警の研修で1年間東京に行かれています。実力、人格ともに優れた方であったと伝えられていますが、昭和20年、行年44歳にて沖縄戦で亡くなられています。

では、こうした流派成立以前の空手、すなわち「手」とはどんなものだったのでしょうか。歴史を遡れば、もともと「手」と言われる沖縄固有の土着の武術があったと言われますが、そうしたものが本当にあったのか、あるいは関係の深かった中国から移入された武術が沖縄の風土に合うように変化して手となったものなのか、日本本土から移入されたものが沖縄化したものなのか。それとも、沖縄土着の手に中国や日本本土を含めた海外の武術が影響を及ぼし、沖縄の風土の中で変化したものなのか。

そもそも「手」という言葉自体が武術一般を指すものですから、仮にどの説を採ったとしても、三山時代を経て琉球王国統一、そして国土拡大という歴史において、戦闘があったという事実に基づくならば、現代兵器の存在しないこの時代に白兵戦の技術がなかったということはあり得ないでしょう。すると、当然ながら「手」はあったということになりますが、それでは言葉遊びになってしまいます。

ただ、現在世界に広く普及した空手というものを見る限り、日本語としては意味不明の型名称や中国拳法との技法の類似、日中両国を始めとした海外との交流の歴史等を踏まえると、沖縄で発生した土着の武術がそのまま現代の沖縄空手として伝承されているということはあり得ないでしょう。

沖縄固有の土着武術としての「手」がどのようなものだったかは別として、中国を中心に日本を含めた海外の技術が、長い歴史の中で時代時代によって移入されては消え、あるいは一部は継承されたり、新たに移入されたものに上書きされたりしてきたのでしょう。そして、いずれにしても沖縄の風土、文化に合わせて変化をしながら、時代を超えて武術の修練が行われてきました。

その消長はあったとしても、武術自体が消えることがなかったのは、軍備、警備、護身、その他の必要性があったからでしょう。そうして修練されてきた武術一般が「手」であったと思われます。

よって空手（手）が数百年とされる歴史を有するとしても、それは特定のものが体系的に継承されてきたものではなく、時代時代によって流入した技術系統によって、その内容は変化しているはずです。

首里手・泊手・那覇手を理解する

そうした技術系統の流入は、琉球国王の代替わりに際して中国皇帝から派遣された、冊封使と呼ばれる使者とその随員によりもたらされるか、あるいは中国や日本本土に渡った人間が、一定の技術を持ち込んだことなどによりもたらされたものでしょう。あるいは、漂着民によりもたらされたという伝承もあります。

空手の歴史に触れる際、「でしょう」という頼りない表現しかできないのは、武術としての性質上、不立文字、文字に残さないという伝承形態の中で、伝書などの技法を伝える文献資料が乏しいことによります。また、かの沖縄戦における徹底的な破壊により貴重な物証の多くが失われた経緯もあり、学術的に断定できるまでの検証がなかなか難しいということがあります。

ただ、現在の空手の源流につながると思われる、琉球王国末期から明治にかけての時代については、そう遠い昔のことではありません。最近までそうした時代を生きた先達から直接指導を受けた方々が存命していた、あるいは存命しており、その子女やお孫さんなどの近親も多数いらっしゃいます。

沖縄を訪れて驚くことは、本州などに住む我々にとって、歴史上の人物としてしか認識できないような、空手の歴史を彩る先達の子孫の方々が、普通にご近所さんとして暮らしていることです。「うちのおじいちゃんが、本部《もとぶ》朝基《ちょうき》のことを、本当に凄い人だったと言っていたよ」というように、その時代の記憶がまだ活き活きとした形で残されている場面に出会うことがあります。

比嘉世幸

東恩納寛量

本部朝基

それが発祥地の沖縄であり、現地でなければわからないことです。筆者の師である久場良男師も、中国から現在の那覇手となる拳法を持ち帰った東恩納《ひがおんな》寛量《かんりょう》師（１８５３〜１９１５）に師事した比嘉世幸《ひがせこう》師（１８９８〜１９６６）のお姿を拝見したことがあるとのことです。

また、松茂良《まつもら》興作《こうさく》、親泊《おやどまり》興寛《こうかん》と並び、泊手三傑の一人として知られる琉球王国時代末期から明治期にかけての武人、山田《やまだ》義恵《ぎけい》は親戚筋にあたるとして、かつて山田家に継承されていた泊手の型「泊山田のセイサン」を久場師が保存しています。

時代時代によって「手」の実態が変化していると思われる以上、首里の手、泊の手、那覇の手、あるいは手というものが、長い歴史の中でどういうものだったのかということを定義するのは難しいかもしれません。

しかし、現在の沖縄空手の原型が、琉球王国末期から明治にかけての時代までたどることができるのであれば、その時代に首里の地、泊の地、那覇の地で修練されていた手が、現在残る三大系統につながるものとすることができるでしょう。

そうした時代の手を指して、時の官庁は首里手、泊手、那覇手という用語を充てました。現在も空手の三大系統は、そう表現されています。であれば、これをもって本稿に述べる首里手・泊手・那覇手とすることができるのではないか、と考えます。

そうした三大系統それぞれの定義については、久場師がその著書『最後の伝承 古伝 剛柔流拳法』(チャンプ)において、「次のように理解することとしよう」としています。

首里手は、首里士族である、糸洲安恒が学び体系つけた「手」

泊手は、泊村において泊士族、廻船の船頭たちが学び、練った「手」

那覇手は、那覇士族である、東恩納寛量が学び体系つけた「手」

学校体育用に改編された空手

首里手・泊手・那覇手について、ひとまずの整理をしてみましたが、それぞれの「手」は、互いに明確に区分されるほど異なっていたわけではないというのが実態だったようです。

これについては、前記した久場師の著書でも触れられていますので、その要旨を紹介します。

首里手の定義に出てきた糸洲安恒《いとすあんこう》にしても、糸洲自身、首里の松村宗棍《まつむらそうこん》の他、那覇の武士長浜に師事しています。また、那覇の武士国吉につらなる現在「沖縄拳法」を名乗る会派の型は、首里手と変わりません。

さらに、那覇手の定義に出てきた東恩納寛量についても、前項の定義にいう「那覇手」を中国から持ち帰る以前には、久米村の住人から手を学んでいます。久米村と

久米村発祥の記念碑（那覇市松山公園内）

は、中国の福州から渡来したとされる三十六姓が居住し、琉球王国の官吏、文官、通訳等を輩出した中国系租界です。

その後、東恩納は、中国から彼の地で学んだ拳法を持ち帰りました。久米手自体の体系づけはなく、明治以後久米村は那覇市の一部となっていたこともあり、東恩納が中国から持ち込んだ拳法が現在「那覇手」とされています。

屋部憲通

以上が、この件に係る久場師の著述の要旨です。

こうした経緯を見てみると、首里手を体系づけたとした糸洲の手であっても、首里の手と那覇の手が含まれたものということになります。実際、松村と糸洲に師事し、「屋部軍曹」の渾名で有名な、糸洲の師範代として沖縄県師範学校で指導した屋部憲通《やぶけんつう》は、糸洲について、「翁の流儀は即ち那覇六分首里四分」であったとしています（『琉球新報』大正4年3月14日）。

また、那覇の手にあっても、東恩納寛量の登場により、明治に移行したあたりで系統が入れ替わっている様子が見て取れます。東恩納が中国から拳法を持ち帰る以前の久米村中心に行われていた手を「古流那覇手」、東恩納以後の手を「新興那覇手」とすることもあるようです。

このように、歴史的に見ても、首里手、泊手、那覇手の違いは、もともとは型や技術の違いをいうのではなく、地域の違いであるということがわかります。

さらに、首里手においては明治期、糸洲安恒により、武術としての空手から体育としての空手へと改編がなされています。松村宗棍につらなる首里の手の技術を、学校教育への採用に向け、危険な技を取り除くなどの大幅な改編をしたものです。

現存する首里手の型のほとんどは、糸洲の影響を受けていますから、その観点からすれば、『首里手は、首里士族である、糸洲安恒が学び体系つけた「手」』なのです。

ただしここで困ったことは、本書は武術であるからこそ首里手・泊手・那覇手の技術は接近戦に通ずる、という前提に立っているため、体育的側面を重視して改編された糸洲の手を基準とすると、前提がぶれてしまいます。

そうであるならば、現在の沖縄において、まだなんとかその断片をたぐることが可能な、糸洲の師の一人である松村宗棍が伝えた、武術としての手を基準として進めていくという方法があるのではないかと思います。幸いにして、松村宗棍や泊手中興の祖とされる松茂良興作の指導を受けた本部朝基の著述も現存しています。

そこで本書では、便宜上『首里手とは、首里士族である、松村宗棍が学び体系つけた「手」』

とした上で、稿を進めさせていただきます。

同じように考えるならば、那覇手剛柔流も、東恩納寛量の弟子で剛柔流の開祖である宮城長順が、糸洲の研究をも取り入れ、体育的改編を行っています。ただ、筆者の学ぶ剛柔流拳法においては、体育的意味合いに改編された動きと武術としての技法の違いが整理されており、武術としての技術を紐解くことができることから、前項の定義そのままに稿を進めさせていただくこととします。

余談になりますが、空手の学校教育への導入という金字塔は、糸洲の尽力あってこそのものであり、それがあったからこそ、現代において空手道がオリンピック競技種目にも採用されるほどの、世界的な普及につながっていったと言っても過言ではないでしょう。

一方、武術として伝承された発祥地の本来の空手技術の多くが、その改編により失われたということもまた事実でありましょう。

上地流及び他の系統について

現在広く行われている空手のほとんどは、首里手・泊手・那覇手という三大系統のいずれか、あるいはその複数に由来します。

しかし、そうした三大系統の他にも、現代の沖縄空手には、別の系統の流派が存在します。

ここでは、それらについて触れてみます。

上《うえ》地《ち》寛文《かんぶん》により中国から移入されたのが上地流です。現在の沖縄においては、いわゆるショウリン流系（首里手・泊手系）、剛柔流と並んで、三大流派の一つに数えられる堂々たる一系統です。

上地流は、現在伝えられる那覇手と同様、中国福建省にルーツを持ち、共通する名称の型や似た技法も受け継がれていることから、那覇手系に分類される場合もあるかもしれませんが、上地流の本格的な活動は、上地寛文が疎開していた和歌山県内において、大正末から昭和初期に始まったものです。

上地寛文

本書で基準とする三大系統の定義に照らすのであれば、那覇手剛柔流などと似た技法を有している部分があったとしても、昭和という時代、そして、上地寛文という中国から拳法を持ち込んだ流祖の系譜が明らかであることから、本書においては、三大系統とは別の、一つの独立した沖縄空手の系統として理解したいと思います。

また、琉球王国時代から門外不出として特定の家系に伝えられたとされるものが、近年になって表に現れ、現在広く普及のなされている流派として、劉衛流があります。沖縄空手古武道事典によれば、「清国は宣宗皇帝の道光年間に、那覇市久米村の仲井間筑登親雲上憲里によって仲井間家にもたらされた拳法」とあります。その点から見れば「古流那覇手」につながる流派と言えるかもしれません。

また、同事典によれば、「劉龍公《ルールーコー》（一説には謝崇祥・如如哥〈俗称〉ともいう）」として、東恩納寛量の師と言われる中国人師と同名とも思われる中国人師名も出てくることから、東恩納の那覇手ともつながってくる可能性があります。

しかし、本書における那覇手の定義は、『那覇士族である、東恩納寛量が学び体系つけた「手」』であり、劉衛流は東恩納が体系つけたものではないことから、こちらも本書においては、三大系統とは別の、一つの独立した系統として理解したいと思います。

そして、泊手について触れたいと思います。

泊手は、首里手に吸収される形で「首里手系」として一括りにされることがあると書きました。純粋に首里手の型を伝える流派はありますが、松林流や少林寺流などのように、首里手と泊手の型のいずれをも伝える流派はあっても、泊手の型のみを伝える流派を、筆者は寡聞にして知りません。そうしたことが、泊手が「首里手系」という言葉に一括りにされることのある理由かもしれません。王府の街で上級士族が学んだのが首里手であるならば、両者を合わせたものが「泊手系」とされることはなく、「首里手系」と言われるのは自然なりゆきでしょう。

しかし、あえて首里手と泊手を分けて考えるならば、現在の首里手は、糸洲安恒の大幅な改編によって、武術として伝承されていた松村宗棍の手からは、大きくその姿を変えています。

逆に泊手は、糸洲の改編を免れて現在まで伝えられている部分が多く、同じ型でも、泊手の動きを見ることで、松村時代の首里手の技術がいかなるものであったかを考えることができます。

平成18年に空手専門誌上で新城師の泊手の特集が組まれて以降、泊手がクローズアップされるようになりました。「首里手系」と一括りにせず、「首里手・泊手」、あるいは「泊手」とした表記も増えてきているように感じます。また、泊手の優れた技術が各所で紹介されているのを目にします。

新城師の超絶な技術、泊手の様々な優れた技法を見るにつけ、泊手への注目が高まるのを喜ばしく思います。

剛柔流・久場良男師の門下の筆頭師範であり、首里手・泊手にも通じている新城孝弘師（左）

松村宗棍の首里手を伝える祖堅方範師（左）と喜瀬富盛師（右）

松村宗棍

三大系統を極めた武人

ここで、新城孝弘師と首里手・泊手・那覇手との関わりなどについて紹介させていただきます。筆者は那覇手剛柔流を久場良男師に学ぶ者ですが、久場門下の筆頭師範であり、首里手・泊手の達人である新城孝弘師の指導を受けることで、全く異なった印象のある那覇手剛柔流と首里手、泊手の技術が、実は非常に似通っているということを学びました。

その新城師は、首里手を喜瀬富盛師、泊手を當真正貴師に、そして那覇手剛柔流を久場良男師に学びました。もともと空手発祥地の沖縄では、この型はこの先生から、またこの型は別の先生からというように、複数の師から教えを受けて自らの技術を高めていくというのが空手の学び方であり、新城師も少年期より多くの流儀を学んでこられました。

少林流拳真館・喜瀬功先生

松村宗棍の孫、松村ナビー

泊手の當真正貴師

松村宗棍、孫の松村ナビー、そして祖堅方範と受け継がれてきた首里手を伝える喜瀬富盛師の道場、少林流拳真館では、10代から30歳頃まで、ご子息で親友でもある現館長の喜瀬功先生とともに、攻撃が当たる接近した間合いにおける体捌きを、徹底的に稽古されたといいます。

また、泊手の當真正貴師とは、次のようなエピソードが残っています。

當真師は、1960年代頃、少林流の島袋善良先生の道場で師範代をなされていました。身長160センチに満たない小柄で細身な先生でしたが、屈強な米兵を相手に日々指導されていたとのことです。

新城師が當真師に初めてお会いしたのは1980年代末頃、30代手前の新城師は、今でいうトーナメント荒らしではありませんが、どこかで大会があると聞けば、組手、形、古武道を問わず参加し、度々

久場良男師（中央）、新城孝弘師（右）と著者（左）

優勝を果たしていた時期でした。

そんな現役バリバリの新城師が、泊手のすごい先生がいると聞いて訪ねたのが當真正貴師でした。當真師は道場を構えず、自宅の部屋で指導されていましたが、独り訪ねてきた新城師に、「君が新城君か。噂は聞いているよ。とても強いらしいね」と言ってにこにこと出迎え、「タッチマーニ」（立ってごらん＝どこからでもかかってきなさい）と言われたとのことです。

馬鹿にされたと思った若き日の新城師は、小柄な當真師の顔面を遠慮なく突きにいったところ、気づいた時は、わけのわからない技で投げ飛ばされていたとのことです。それが取手でした。

久場良男師の拳武館がある沖縄市のコザゲート通り（写真提供：トリップショットホテルズ・コザ）

以来、請うて當真師の指導を受けることになった新城師ですが、そうして首里手の喜瀬富盛師、泊手の當真正貴師に受けた教えは、いずれも決して下がることなく、前に踏み込む接近戦を前提としていたといいます。そうした考え方は、那覇手剛柔流の久場良男師の教えとも一致するものでした。

久場師が自らの道場、拳武館を構えるコザゲート通りは、アメリカ空軍嘉手納基地に通じています。横文字の看板を掲げたお店が建ち並び、特に週末の夜間などは、体格のいい米兵さんたちで溢れかえるなど、現在もアメリカ統治時代の面影を強く残しています。

空手はかつての琉球王国時代から続く武術ですが、さらに太平洋戦争、アメリカ統治を経て本土復帰し、社会が安定するまでの歴史の中では、自らの身を守るための強さを身につけていくことが、実生活の中で必要とされていたのかもしれません。そうした時代の中で、空手の技術が一層磨き上げられてきたという側面もあるでしょう。

実際の体験談を両師が自ら語ることはありませんが、指導を受ける中で感じることは、両師の技術はいずれも実体験を通じて磨き上げられてきたものだということです。

そうした技術は、首里手系、那覇手系を問わず、いずれも型のどこかに隠されています。それをどう引き出していくかということが空手の修練であり、導き出された技術は、いずれも接近戦に通じていきます。

昭靈流、昭林流と接近戦

以上、本書で基準とする首里手・泊手・那覇手について整理してきましたが、本稿を進めていく上で、もう一点整理しておくべき事があります。それは、「接近戦とはどういう状況か？」ということです。本書に掲げる命題が「首里手・泊手・那覇手は、いずれも超接近戦に通ずる」という以上、それを明確にしておかなければなりません。

首里手系のイメージは、遠い間合いから一気に飛び込んで必殺の一撃を加える松濤館系の組手競技のイメージが、非常に近いものであるように思われます。首里手を学んだ船越義珍の伝

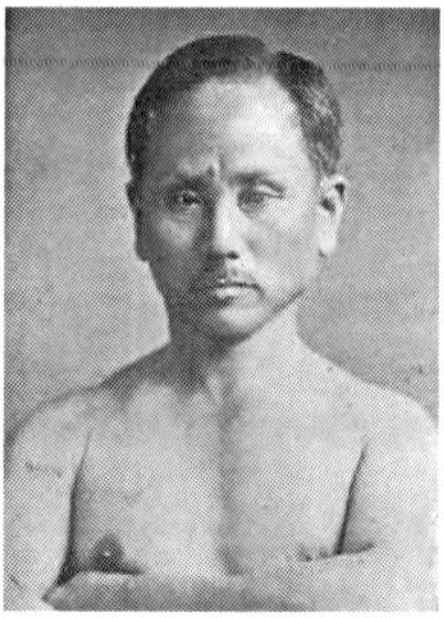

船越義珍

えた空手が松濤館系につながり、それが世界最大規模の空手団体の形成にまで発展していくのですから、ある意味当然のことでしょう。

　そんな船越は、松村宗棍の弟子である安里安恒《あさとあんこう》に師事しました。糸洲安恒にも師事したとされますが、そこは見解が分かれるようです。

　首里手系と那覇手のイメージに関連し、大正11年の船越の著書『琉球拳法　唐手』に興味深い記述があるので、抜粋して掲載させていただきます。

「昭靈流は體質肥滿骨格偉大なるものに適し、昭林流は之に反し、骨格矮小體力貧弱にして楊柳の如く痩せ細りたる者に適す。何れも一得一失あるが、基本姿勢としては昭靈流宜しけれども、實際には敏活を缺くの嫌ひあり、又昭林流は機敏に働く替り取抑へられたが最後動きの取れぬ苦境に陥ることがある」

　ここに昭靈流、昭林流というものが出てきますが、それらの説明は、現在の那覇手と首里手系のステレオタイプなイメージと見事に一致しています。また、「取抑へられたが最後」という、戦いにおける間合い、しかも「取抑へ」る、つまり相手の体を掴むことのできる接近した状況における得意不得意にまで言及している点で、大変興味深いものがあります。

ちなみに、空手の学校教育への採用に際し、糸洲が明治41年、沖縄県の諮問に対する答申として県学務課へ提出したとされる意見書、いわゆる唐手十箇条、糸洲十訓の中に、「往古昭林流昭霊流ト云二派支那ヨリ傳来タルモ（ノ）ニシテ」として、空手の源流にかかる昭霊流と昭林流の二派について言及した記述があります。

仮にこの昭靈流、昭林流というものが、それぞれ那覇手と首里手系に対応するものであるならば、本書における「接近戦」を定義にするにあたり、大いに参考となるはずです。

しかし、イメージはともかく、単純に昭林流が首里手系、昭霊流が那覇手系に対応するとは言えないようです。船越自身も、昭和31年に著した自伝『空手道一路』の中で、「沖縄でも少林流と昭霊流との二派にわかれていたというが、（中略）これと首里手、那覇手との関係などもはっきりしない」としています。ここに言う「少林流」とは「昭林流」のことであり、『琉球拳法　唐手』に続く著書『錬膽護身　唐手術』以降、船越はこの表現を用いているようです。

実際、現在の首里手系において基本とされるナイハンチの型を、船越はその複数の著書の中で昭霊流に分類しています。また、ある著書の中で昭霊流と記した型が、次の著書では少林流となっていたり、さらに次の著書では昭霊流に戻る型もあればそのまま少林流とされる型もあるなど、一定しない部分があります。やはり、「首里手、那覇手との関係などもはっきりしない」からなのでしょう。

また、宮城長順は、昭和11年の著述『琉球拳法唐手道沿革概要』の中で、次のように記しています。

「一般に流布せる説として昭林流、昭霊流に分類し、前者は体質肥満、骨格偉大なるものに適し、後者之に反し、骨格矮小体力貧弱にして揚柳の如く痩せ細りたるものに適すとあれども、幾多の方面よりの考察と開明に依り、その謬見たること明なり」

首里手、泊手、那覇手との関係もさることながらですが、そもそも昭林流と昭霊流の区分さえ、そのイメージは間違っているとしています。

また、糸東流の開祖である摩文仁賢和も同意見である様子が、昭和13年仲宗根源和との共著『攻防拳法空手道入門』から読み取れます。

すると、『琉球拳法　唐手』における船越の記述の内容が、いくら現在の首里手系と那覇手のステレオタイプに合致しているとは言っても、そもそもの前提が違っているということになります。上記いずれの著述も、首里手、泊手、那覇手の違いを述べたものではありませんし、昭霊流と昭林流の違いも明確ではありません。

ただ、武術としての首里手を学び、近代空手の父ともされる人物が、空手の源流について記した中で、戦いの間合いにおける得意不得意にまで言及しているのであれば、接近戦の意味を考える上では参考とすべきものでしょう。よって、次項ではこれをもとに、本書における接近戦の定義について、さらに考えていきたいと思います。

なお、昭林流、昭霊流という言葉が出てきましたが、空手において流派名が使われるようになったのは、剛柔流が最初であるとした先の記述と矛盾するように感じられるかもしれません。これは、糸洲安恒が言うように、「往古昭林流昭霊流ト云二派支那ヨリ傳来タル」ことを言っているに過ぎず、空手の流派を指すものとは言えないでしょう。その旨、一応付け加えておきます。

超接近戦の間合いとは

では、本書にいう接近戦というものの定義につながるかもしれない「昭林流は機敏に働く替り取抑へられたが最後動きの取れぬ苦境に陥ることがある」という部分について、もう少し詳しく見てみましょう。言葉遊びの感もありますが、少しお付き合いください。

ここでいう「取抑へられた」とは、「掴まえられた」ということでしょう。すると、「機敏に動き回るのが得意な代わりに、掴まえられたら最後、身動きも取れない」と読むことができます。

つまり昭林流は、機敏に動きまわれる距離（相手と離れた間合い）は得意だが、掴まえられる距離（近い間合い）は苦手だということになります。記述の冒頭で「昭靈流は體質肥滿骨格偉大なるものに適し、昭林流は之に反し」として対比していますから、こうした体格的特徴の対比と同じように、その技術についても対比して読めば、昭林流とは反対に昭靈流は、「機敏に動き回れる距離（相手と離れた間合）は得意とは言えないが、掴まえることのできる距離は得意」だとも読めます。

すると「掴まえることのできる距離」「掴まえられてしまう距離」というのが両者の得意・

不得意の境界ということになります。ただ、掴まえると言っても、手首を掴めるくらいの間合いでは「取抑へ」ることにはなりませんから、最低でもさらに一歩間合いを詰め、相手の腕を両手で押さえつけられるほどの距離ということになるでしょう。

ここまでくると、手を伸ばせば相手の頭部や胴体などにも触れることができます。これは突きの当たる距離でもあります。すると、本書にいう「接近戦」とは「突きの当たる距離」とすることができるのではないかと思われます。

命題において「超接近戦」としたのは、那覇手はもちろん、首里手・泊手の型に含まれる技術の多くが、こうした突きの当たる接近した間合いから、さらには頭部、あるいは胴体を押さえるような、相手と密着した間合いにおいて有効であることを強調するためです。

久場師に学ぶ那覇手剛柔流拳法は言うまでもなく、新城師に学ぶ首里手・泊手の型は、いずれもそのほとんどが、そうした超接近戦を前提として技術が構成されています。首里手・泊手にあっても、接近戦が苦手などころか、接近した間合いに入ってこそ、恐ろしいまでの効力を発揮する技術で構成されているのです。それと同時に、接近した間合いに入るための技術が秘められています。

以上、本書の掲げる命題にいう接近戦について定義してみました。次章以降、首里手・泊手の基本とされるナイハンチを通して、その技術がいかに接近戦に通ずるものなのか、見ていきます。

突きの当たる間合いより近く、頭部や胴体を押さえられる「超接近戦」の間合い

第2章

ナイハンチに見る那覇手との共通性

首里手・泊手を学んだ実戦の雄、本部サールー

前置きが長くなりましたが、いよいよ本題に入ります。

一般に遠い間合いを想定した技術体系であるとする首里手系のステレオタイプなイメージ。では、その基本たるナイハンチの技術は、どういった想定のもとに構成されているのでしょうか？　首里手・泊手に分類されるいずれの流派においても基本とされるナイハンチの技術を検証することで、首里手・泊手の技術の根本が見えてくるはずです。そして基本たる型である以上、その冒頭一定の動作に、その理念は表れてくるはずです。

本章では、型の冒頭部分一定の挙動について検証することで、ナイハンチに秘められた技術がいかに超接近戦に通ずるか、ということに迫っていきたいと思います。

しかし､同じナイハンチでも、それぞれの流派や会派によってその動きが微妙（？）に異なってきます。

例えば、最初の右手を伸ばす動作にしても、右開手をまっすぐに伸ばす形もあれば、背刀受けのように掌を上に返す形もあります。また、那覇手剛柔流のセーパイのように、上から円を

描いて下ろしてくるような軌道を取るものもあります。立ち方も、もともとは膝を外に張るような立ち方だったと思われますが、那覇手剛柔流の三戦のように膝を締める立ち方もあります。

そこでここでは、琉球王国時代末期から明治への移行期において、武術としての首里手・泊手に通じた本部朝基のナイハンチを基準とし、その著書である『私の唐手術』に掲載された本部本人による演武写真と解説をもとに、検証してみたいと思います。

本部朝基

本題に入る前に、本部朝基について紹介させていただきます。

本部朝基（1870～1944）は、琉球王族である本部御殿《もとぶうどぅん》の三男に生まれ、首里の松村宗棍、佐久間、糸洲安恒や、泊手中興の祖ともされる松茂良興作に師事しました。

「本部サールー」と言われるほど、猿のようにすばしこく、昔の那覇の遊郭街であった「辻」で行われた実戦「掛け試し」では負け知らずとされた実戦の雄です。

大正10年、52歳の時に京都での拳闘大会に飛び入りで参加し、巨漢の外国人ボクサーを一撃で倒したことが、当時人気の雑誌『キング』に掲載されたエピソードはあまりにも有名です。

東洋大学や早稲田大学で唐手師範を務め、東京の小石川に自らの道場「大道館」開設するなど、本土における空手普及にも尽力しました。

空手の術理は全てナイハンチに含まれるものとして、「ナイハンチしか知らない」と言われるほどにナイハンチを重視しました。

本部朝基の空手を継承する本部流の宗家、本部朝正師は、父である朝基より、とにかく「中に入れ中に入れ」と、入り身の重要性を指導されたといいます。

本部のナイハンチを見ていくことで、本来の首里手系の技術が、いかに接近戦に通じるものなのか、ということが理解されるでしょう。

なお本章は、本部自身の演武写真と著書の記述を基準として引用しつつも、あくまで筆者が学んだ沖縄空手の技術に基づいて、ナイハンチの解釈を行うものであることをお断りしておきます。

ナイハンチ、蟹歩きの不思議

ナイハンチの冒頭部分。まずは〈第一図〉用意の姿勢から、〈第二図〉左足を右足の前に交差させ、〈第三図〉右足を踏み出しながら右開手を伸ばします。そして、〈第四図〉右掌を引きつけつつ左肘打ちを右掌に当てます。

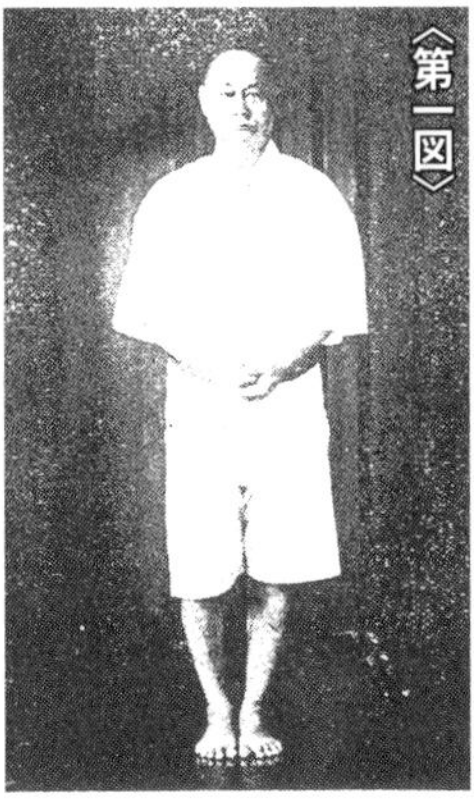
〈第一図〉

〈第二図〉

〈第三図〉

〈第四図〉

ここまでの挙動の後、〈第五図〉左に方向を変えて、〈第六図〉左下段受けから、〈第七図〉右鈎突きにつないでいきます。

まず、ナイハンチの動きの中で、誰もが気になることとして、こうした横方向への動きがあると思います。蟹のように移動する摩訶不思議な型だということで、壁を背にして戦う型だとか、橋の上で戦うための型だとか言われたこともあるようです。

しかし、横向きということは、戦いの中で決して特異なことではなく、打撃系の格闘技を見れば、普通に半身に構えて戦っています。

打撃を伴うどんな格闘技でも同じだと思いますが、自らの体の中心であり、かつ急所の並ぶ正中線を相手から外し、しかし自らは相手の正中線をとらえて効果的に制する、そうした動き方を型の様式の中で表現すれば、横向きということは何ら不自然ではなく、理に適っています。

ただ、それではあまりに当たり前すぎて、わざわざ取り上げるまでもないでしょう。大切なのは、その歩み方です。ナイハンチでは、左足を右足の前を通って交差させ、さらに右足を踏み出します。進行方向に対しては後ろ足となる左足を踏み出し、続けて右足を踏み出すというものです。

この歩み方、剛柔流拳法における五つの基本的な歩方（＝歩法）の2番目で出てくる、後ろ足、前足と踏み出す歩方と同じです。この基本的な歩方については、前著関連DVD『沖縄古伝 剛柔流拳法　型を活かす稽古法』の中で紹介しています。

剛柔流拳法においてこの歩方は、間合いを詰める際に用いられます。上体をなるべく動かさずに後ろ足を進めることで、相手から覚られずに間合いを縮めます。さらに、後ろ足を寄せることでできた溜めを使って、前足を踏み込みます。こうすることで、相手に覚られずに一気に間合いを詰めることにつながります。

そして、これを半身で行えば、ナイハンチの歩みそのものです。というより、ナイハンチのように歩を進めると、自然と体は半身になります。相手の攻撃に対して、ナイハンチの歩方で

剛柔流拳法の基本歩方の一つで、後ろ足、前足と踏み出す歩方

間合いを詰めれば、自ずと相手の攻撃はすり抜け、自らは攻撃の間合いに入ることができるのです（次頁写真）。

つまり、ナイハンチの蟹歩きは、足捌きにより体を捻って半身で入り身することで、相手の攻撃をかわしながら気づかれずに間合いを詰め、自らの攻撃を当てていくという、武術として非常に合理的な動きを、型という様式の中で表現しているのです。

本部自身による〈第二図〉、すなわち左足を交差させる挙動の解説では、「右側よりの攻撃を、一歩踏み込んで受けると同時に、戦闘開始の準備なり」としています。

さりげなく書いていますが、「一歩踏み込んで受ける」、つまり型の通りに後ろ足を踏み出して半身になることで相手の攻撃をかわして受ける。「と同時に、戦闘開始の準備なり」つまり右開手の打ち込みの準備となる。そうしたことを言っていると理解できるでしょう。

型の冒頭の第一歩。そのたった一歩の中にも、ナイハンチに秘められた接近戦術が表れてきます。ただ、それがわからないから、特異な動きに見えてしまうだけなのです。

型においては、左足を交差させた後、〈第三図〉のように右足を踏み出すとともに右の開手を伸ばしています。この右足の踏み出しについて本部は、「敵を蹴上る意なるべし」としてい

50頁写真の歩方を半身で行えば、ナイハンチの歩みになる

この歩方で相手の攻撃はすり抜け、自らは攻撃の間合いに入れる

ます。

確かに松濤館系など、大きく右足を上げて蹴上げるように踏み出す例もあり、船越義珍先生の映像にも、そうした動きが残っています。また、足を交差した後、いわゆる波返しを入れて踏み出す映像を見たことがあります。しかし、現在の沖縄において、少なくとも大きく足を上げて蹴上げるように踏み出すナイハンチを、筆者は見たことがありません。確かに「敵を蹴上げる」という解釈をしていくことは可能ですが、筆者はそうした解釈について指導を受けたことはありません。船越先生の工夫によるものでしょうか。いずれにしても、筆者の勉強不足でしょう。

なお、ナイハンチの第一歩が生み出す体捻りは、那覇手剛柔流のセーパイにおける最初の挙動とも共通してきます。これについては、後述します。

ナイハンチと体幹部の捻り

左足を交差させる型冒頭の第一歩、これで相手の攻撃をかわし、いつでもこちらの攻撃につなげられる「戦闘開始」の準備は整いました。というより、この第一歩の中で既に相手はほぼ制圧されており、あとはこちらの攻撃を加えていくだけです。続く〈第三図〉では、右の開手を打ち込んでいきます。

これについて本部は、「この時打ち、伸ばしたる右手は、敵の攻撃を受けると同時に突き込み、而して敵の手を握る意味を含む」としています。

〈第二図〉で左足を交差させ、体の捻りで敵の攻撃をかわす時、当然ながら、手は遊んでいるわけではありません。中段内受けのように相手の攻撃を受け流すでしょう。そして、中段内受けした右手は直ちに開手の打ち込みに変化します。本部の言う「受けると同時に突き込み」です。

続いて、「而して敵の手を握る」のですが、打ち込んだ右手は、そのまま相手の腕を握り、引き崩しながら左鈎突きにつなげていきます。〈第四図〉の部分です。

歩方とともに中段内受けで突きを受け流し、
直ちに開手で目打ち

目打ちした右手で相手の左袖を取り、引き崩しながら、左鈎突き（ナイハンチでは左肘打ち）

〈第四図〉は肘打ちとなっていますが、その解説で本部は、「実戦の場合は、左肘を以て突くにあらず、左の拳を以て突くべきものなり、型なればこそ、ていさいよく、かくせるなり、注意すべき事なり」としています。これに従って左鉤突きで解釈してみましたが、これはどういうことでしょうか？

それは技の様式化ということであり、型においては、様々に変化する技が肘打ちという形で表現されていたとしても、実際は正拳突きだよ、ということを言っているものでしょう。型における技の様式化について、もう少し見ていきます。

まず読者の皆さんが思うこととして、「注意すべき事」と言うくらいなら、最初から肘打ちではなく正拳で突けばいいではないか？　ということがあるでしょう。

しかし、前著に記した型を学ぶことの二つの意義を思い出してみると、一つとして身体操作を学ぶこと、もう一つとして武術としての技を学ぶことがあります。そして「空手の型は、幾重にも展開する個別の技のエッセンスを抽象化、様式化して一つの動きに集約することで、技に入るための基本を教えているのです。幾重にも展開する技を一つの動作の中で教えようとするからこそ抽象化、様式化されているのです」と書きました。

つまり、様式化された型の動作によって、技を使う際のエッセンスを学ぶ。それさえ学べば、その時の状況によって肘打ちであろうと、正拳突きであろうと、あるいは他の技であろうと臨機応変、いかようにに展開してもよろしい、ということなのです。

しかし、読者の皆さんはまだすっきりしないはずです。臨機応変、様々な技につながる基本のエッセンスを学ぶということはわかった。でも、聞いているのは、なぜわざわざ実用とは異なるとまで言う肘打ちを採用したのか？　最初から型の動作を正拳突きにしていればいいではないか？　ということでしょう。その部分について見ていきます。

ここでは、型を学ぶことの第一義、身体操作に着目してみます。ナイハンチの動きは、正面方向に向いたナイハンチ立ちから、左右方向に技を繰り出すように構成されています。技を繰り出す際、ナイハンチ立ちを崩すことはせず、しっかりと下半身を固定します。ナイハンチを学ぶ中においては、口酸っぱく指導されるはずです。

そうした制約のある体勢から左右方向へ技を繰り出すためには、上体をしっかりと捻ることが必要です。体幹部の捻りの中で、腰、即ちガマクから発生する力を技に伝えていきます。

もちろん実際の戦いの中では、こうした制約ある立ち方に固定して技を繰り出すということはありません。そんなことをしていたらやられてしまいます。しかし、たとえ実際の戦いとは異なる一見不合理にも見える立ち方であっても、そのほうがガマクの使い方や体幹部の捻りを学ぶためには合理的なのです。

そして、こうした制約ある立ち方から左右方向に技を繰り出す場合、当然ながら、突きよりも肘打ちのほうが上体を大きく捻ります。これにより、体幹部の捻りをよりしっかりと学んでいくことができます。だからこそ「実戦の場合は、左肘を以て突くにあらず、左の拳を以て突くべきものなり」とわざわざ断りながらも、「型なればこそ」肘打ちを用いているということなのです。

肘打ちの動作によって、しっかりした体幹部の捻りやガマクの使い方等、そのエッセンスを学んだならば、それを活かして突き技その他の技術につなげていくことは自在でしょう。当然ながら、型通りに肘打ちのほうが効果的な場合もあります。型の修練を通じて身につけた身体操作の基本は、あらゆる技術へと展開していきます。

逆に、そうしたエッセンス、身体操作の基本を保持しつつも、型の動作が実際の戦いの動きと異なるならば、それは、本来の技を隠すということにもつながります。これも型の様式化の意義に適うものでしょう。

首里手ナイハンチと那覇手セーパイの共通点

ナイハンチの第一歩が生み出す体捻り、そこからつなげる右開手の打ち込みの部分について、接近戦というイメージがある那覇手剛柔流の型、セーパイの共通する動きと比較してみたいと思います。

ここで、「あれ？　セーパイにナイハンチと同じ動きなんてあったっけ？」と思われる方がいらっしゃると思いますが、もちろんあります。それは、セーパイにおいても、やはりその冒頭に出てくる、右開手を伸ばす際の動きです。

セーパイの最初の挙動は、左足を後方に引きながら反時計回りに体を捻り、左掌で押さえながら半身で右開手を伸ばします。左掌を脇まで引けば、ナイハンチの最初の形とそっくりです。

セーパイでは右手を上から下ろしていくような軌道をとりますが、ナイハンチにもこのような軌道を描くタイプがあることは先に述べたとおりです。

また、体を捻っている最中の中間動作の立ち方は、ナイハンチの交差立ちと同じです。

剛柔流のセーパイの冒頭で、右開手を伸ばす動き

引き手を脇に取ると、ナイハンチの冒頭とほぼ同じ形になる

この部分、セーパイではどう解釈されるのでしょうか。体の捻りと後ろ足の引きといった体捌きと歩方、そして、入り身の方向といった点から見ていきます。

前著においては、剛柔流拳法における技術の特徴として、裏分解と歩方、取手・つぼ・捻り等があることを紹介しました。

これらの技術に通ずるのが、セーパイにおける冒頭部分の動きです。左足を引いて四股立ちになりながら右手を伸ばすだけの動きに見えますが、この中で、体捻り、歩方その他の重要なポイントを学んでいきます。

まず体捻りです。体捻りは、剛柔流においては、シソーチンやクルルンファの動きの中で特徴的に表れているように、一歩前に踏み出した足の拇指球を中心に、下半身を一気に捻り込むことで力を生み出し、これに腰の捻りを合わせることで力を増幅させて技につなげていきます。

セーパイの冒頭部分で教えている体捻りも、もちろんこうして増幅した力を伸ばした右手につなげていきますが、同時に、ナイハンチの第一歩目と同様に、相手の攻撃の力を逸らせることを教えています。仮に相手が左の中段突きを突いてきた場合、こちらは体を捻ることで、相手の突きはすり抜けていきます。ナイハンチでは後ろ足を進めることで体捻りを誘導していま

剛柔流のシソーチン（右列①〜③）やクルルンファ（左列①〜②）では、前に出した足の拇指球を中心に、下半身を一気に捻り、それに腰の捻りも合わせて力を増幅させる

セーパイの体捻りは、相手の攻撃を逸らせることも教えている（右列①〜②）。体の捻りによって後ろ足を背中側に引き、前足を斜め前に踏み出す歩方（左列①〜③）

セーパイの冒頭の動きをナイハンチに当てはめる。左足の引きとともに体捌きし、目打ち

ただし、セーパイの開手は貫手であり、実用時は鶏口拳（上写真）となる

すが、セーパイは後ろ足を引くことで体捌りを誘導していきます。

次に歩方です。剛柔流拳法における五つの基本歩方の3番目に出てくる歩方は、体の捌りによって後ろ足を背中側に引き、前足を斜め前方向に踏み出します。

この歩方は、セーパイ冒頭の左足を引く動きから取り出したものであり、先に触れた後ろ足、前足と進める2番目の歩方をさらに発展させたものです。踏み出すか、引くかの違いこそあれ、後ろ足の動きにより体捻りを誘導し、さらに踏み込んでいく動きは、ナイハンチと共通しています。相手の攻撃に対し、体捻りと足捌きによって、急所が並ぶ自らの正中線を外すと同時に、相手の中心をとらえて攻撃につなげていきます。

こうしたセーパイの冒頭の動きを、ナイハンチに当てはめてみましょう。相手の左突きを、左足の引きとともに体捌きして外すとともに左手でとらえ、右足を踏み出しつつ上段に開手を打ち込みます。ただし、セーパイ初動の開手は貫手であり、実用においては鶏口拳《けいこうけん》を用います。

また、上段への突き込みを中段としたならば、セーパイの一般的な解釈そのものです。剛柔流拳法の裏分解では、さらに右手で相手の左前腕をとらえ、崩していきます。

ここで、相手との位置関係を見てください。自らは相手の体の外側に位置しています。体捌きを使って相手の外側に入り身し、崩し、打撃を加えています。

筆者が新城師に学んだ泊手の技術解釈を振り返った時、相手のさらなる攻撃が襲ってくるかもしれない内側への入り身ではなく、体捌きを使って相手の外側に入り身し、崩し、突くとい

セーパイの一般的な解釈では、中段への鶏口拳となる。さらに、相手の突き腕を取り、崩す。その際、相手の外側に入り身する

67頁写真からは、投げて固めるも自在

う教えがあります。そこまでいけば、さらに投げ、固めて制するところまでつなげていくことは自在です。

あらゆる状況が想定される実際の戦いの場においては、その時その時の状況により、内側、外側、いずれにも自在に体捌きし、入り身できるようにしていく必要があるでしょう。しかし、可能な限り相手の反撃にさらされるリスクを回避し、より確実に相手を制していくためには、外側への体捌き、入り身をよく稽古しておきたいものです。

型の動きは無限に広がっていきます。繰り返しになりますが、那覇手の型を学ぶことで、首里手、泊手の型の理解が一層深まります。もちろんその逆もしかりです。

那覇手と首里手、泊手、そのいずれもが接近戦に通ずるのであれば、それもある意味当然なのかもしれません。

那覇手セーパイでナイハンチを理解する

セーパイの初動、右開手を伸ばす動きについて、さらに見てみましょう。

セーパイのこの動作、剛柔流拳法においては、最後に手首を下に返します。これは縦貫手を表すものであり、型においては貫手で表現されているものの、実用の際は鶏口拳を用います。型の形と実用が異なりますが、拳を握り込むよりも、指を伸ばした貫手のほうが、最後にストンと手首を下に返す特殊な軌道をスムーズに学ぶことができるからです。

そしてこの縦貫手は、本部の言う「敵の攻撃を受けると同時に突き込む」交差法として有効です。例えば相手の左上段突きに対しては、内側から縦拳の鶏口拳

セーパイの縦貫手は、実用時は鶏口拳となる

を上段に伸ばし、最後に手首だけストンと下に返すことで、目を突くという応用につながります。相手の上段突きに対してカウンターで内側から突き出すことにより、相手の突きの軌道を外し、こちらの鶏口拳だけが相手の目に入ることになります。

これは中段、特に底突きに対しても有効で、鶏口拳突きがその軌道の途中で相手の突きを押さえ込み、後出しでもこちらの鶏口拳が当たっていきます。まさに攻防一体の技術です。

同じ交差法でも、ナイハンチでは打ち技として、セーパイでは鶏口拳突きとして実用につなげていくという、それぞれの型の特徴を活かした解釈ができます。

ただ、ここで忘れてはいけないのは、相手の攻撃は、必ずしも単発で終わるわけではないと

相手の中段底突きを押さえつつ、鶏口拳

いうことです。さらに連突きとして攻め込んできたとしたらどうなのか？　強烈な右の逆突きが顔面を襲ってくるのではないか？

可能な限り相手の反撃にさらされるリスクを回避し、より確実に相手を制していくためには、外側への体捌き、入り身が重要であることは前項に記した通りです。しかし、あらゆる状況が想定される戦いの場においては、こうして内側に入った状況における対応策も必要になってきます。

相手が、左手に続いて右手で突いてきたら？

そうした時のヒントになるのが、セーパイの初動における左の開手の動きです。型の動作としては、体の捻りに合わせて左開手を上からみぞおちの前に下ろしてきますが、当然ながら、この左開手によって、相手の突きをガードします。ナイハンチでは左握拳を脇まで引いていますが、セーパイのこの挙動を見ることで、実用の際の動きがより鮮明に浮かび上がってきます。

さらに、この開手は、単なるガードではなく、自らの攻撃の仕掛けとして、相手の構えた手を押さえて引き崩すと同時に、すかさず右手で突く、あるいは打ち込むという用法にもつながります。こうして一方の手で押さえて、もう一方の手、特に前の手で攻撃していく技法は、第6章で紹介する夫婦手の中で詳しく見ていきます。

同一の挙動であっても、型の中の動きが、実際の動きを連想しやすい形で表現されている那覇手のセーパイを学ぶことで、ナイハンチの理解が一層深まります。

左の開手で引き崩して、打ち込んだ場合

セーパイの左の開手で、相手の連突きを防ぐ

ナイハンチの鈎突きは当たるのか⁉

さて、前項までで型の初動から右方向への動きを見てきましたが、ここからは左方向への動きを見ていきます。〈第五図〉から〈第七図〉までの動きです。

この動きは、〈第四図〉における左肘打ちについて、「左の拳を以て突くべきものなり、型なればこそ、ていさいよく、かくせるなり」としたものを、左方向においては指摘の通り突き技で表現しており、同じ身体操作における技のバリエーションとしてとらえることができるでしょう。本部の記述に沿ってこれを見ていきます。

ナイハンチ冒頭、左方向への左下段受けは前腕尺骨部を使う

まず〈第五図〉で方向転換したら、〈第六図〉左下段受け、〈第七図〉右鈎突きへと続きます。
本部は、この左方向への下段受けについて、「敵、足を以て、蹴たほさんとせし故、足をはらふ意なるべし」としています。相手が蹴り込んできた時、左下段受けで払うといった解釈ができるでしょう。

蹴り込んできた足の内脛は、打撃を加えると非常に効く部位であり、下段受けの動きで内脛を打つことで大きなダメージを与えることができます。この場合、打ち込むのは前腕の尺骨部です。拳を握っているので拳槌を打ち込むように見えるかもしれませんが、拳槌では相手の蹴りに負けて弾かれてしまいます。

下段受けから鈎突きへつなげるのだが…

相手の内脛に弧打ちを打ち込む剛柔流拳法の技法

剛柔流拳法にも相手の蹴りに対して弧打ちを打ち込む技法があります。転掌の弧受けの応用です。内脛にうまく弧打ちを打ち込まれると、再び蹴る気が起きなくなるほどのダメージにつながります。

そして次に〈第七図〉「左手を捻ぢ上げると同時に右手を図の如く突き出し、上に重ねる。(中略)この型は側面の敵を突く意なるべし」としています。下段受け（打ち）から鈎突きにつなげるということでしょう。

先の下段受けの位置だと、鈎突きは届かない!

ただ、読者の皆さんは、先ほどの前蹴りを下段受けした写真を見て、「あれ？　何かおかしくないか…？」と思うのではないでしょうか。相手と距離が遠すぎて鈎突きは当たらないんじゃない？と。

そのとおりです。相手の蹴りを下段受けの要領で叩き落とした距離からは、突きは遠くて当たらないのです。「えっ！ すると、型は間違っているのか!?」と思われるかもしれませんが、そんなことはありません。型はあくまで正しいのです。下段受けをした後、さらに前進する、即ち入り身すれば、しっかりと鈎突きは当たります。

型の動きは様式化されているということは既に触れたとおりですが、その様式化された動きを解き明かすヒントが、首里手・泊手において、ナイハンチという基本型を学んだ後に続くクーサンクーやパッサイなどの型に秘められています。

その一つとして、いわゆる手刀受け、実は受けと言うよりも手刀打ちと言ったほうが実態に合っていると思いますが、そうした技を前進しながら繰り出す動きがあります。これは、受けでも攻撃でも結構ですが、いずれにしても前進して技を繰り出すということを教えています。

前進しながら行う手刀受け
（手刀打ち）

これをもとにナイハンチに戻るのであれば、相手の蹴りを下段受け（打ち）した後は、当然前進、相手の懐に入り身します。体当たりと言ってもいいかもしれません。そうして入り身することで、全身の力を突きにつなげていきます。だからこそ威力のある技となるのであり、当然ながら超接近戦となるのです。

受け、攻撃、いずれも下がらない。前に出る。那覇手剛柔流と首里手系の型の解釈に見られる、いずれも超接近戦に通ずる共通した考え方です。

ナイハンチとセイサンの共通点

〈第六図〉、〈第七図〉の動きは、那覇手剛柔流の代表的な型、セイサンにも出てきます。セイサンは、昔の剛柔流においては、その錬度をもって、その人の実力を測ったというほど重視された型です。

しかしここでも、「セイサンにナイハンチと同じ動きなんてあったっけ？」と思われる方が

剛柔流のセイサンより。揚げ突きから裏拳打ち、肘の打ち下ろし、下段受け、鉤突きへとつなげる

いらっしゃると思います。もちろんあります。それは、セイサンにおける、半身で揚げ突きから裏拳打ち、肘の打ち下ろし、下段受け、鈎突きへとつなげる中の、下段受け、鈎突きの部分です。

剛柔流拳法におけるこの部分の解釈では、脇に引きつける右手は、相手の背中に回し、これを押さえます。それもただ押さえるのではなく、親指の第一関節を尖らせた拇指拳で腎臓部に打ち込みます。同時に左鈎突きを挟み込むように突き込みます。この鈎突きは、中指の第二関節部を尖らせた中高拳を用います。

こうして左右の手で相手の体を挟み込むように打つことで、打撃の威力が体の中に浸透します。それ

右手の拇指拳と左手の中高拳で挟み打つ!

セイサンの下段受け、鈎突き部分の解釈

も指関節を尖らせたコーサー（特殊な拳形）で突き込まれるのですから、たまりません。当然ながら、ナイハンチも同様に解釈することができます。

ちなみに、筆者が新城師に学んだナイハンチの解釈の一つに、下段へ拳槌を打ち込んだ手をそのまま相手の背中に回して体を押さえ、そこに挟み込むように鈎突きを突き込むというものがあります。剛柔流拳法におけるセイサンの解釈と同じです。

背中を押さえて鈎突きするナイハンチの解釈

剛柔流のサイファーにある挟み打ち

首里手・泊手のパッサイにある挟み打ち

こうした挟み打ちにより威力を体の中に浸透させる技法は、型の中には頻繁に出てきます。例えば、首里手、泊手系の代表的な型であるパッサイにおいては、両拳槌で挟み打ちする動作が出てきますし、那覇手剛柔流のサイファーにも、拳槌をもう一方の掌に打ち当てる動作が出てきます。これらはいずれも、相手を挟み打つ超接近戦の技術を示しています。

実際の戦いでは接近戦が重要

ここまでナイハンチの冒頭の挙動について縷々《るる》説明してきました。遠い間合いを想定しているといった首里手系のステレオタイプのイメージ。しかし、その基本型であるナイハンチの技術を検証してみると、接近戦のイメージがある那覇手剛柔流の型と多くの共通点があることがわかります。ナイハンチの技法は接近戦に通ずる、すなわち、那覇手はもちろん首里手・泊手も接近戦に通ずるということが、ご理解いただけたのではないかと思います。

　本書においては、ナイハンチの全挙動について解説していく紙面の余裕はありませんが、同様に最後まで技の検証をしてみると、ナイハンチとは、型の最初から最後まで徹頭徹尾、接近戦にこだわった型なのです。

　では逆に、ナイハンチは、なぜそうした接近戦ばかりにコミットしているのでしょうか？意地悪な言い方をすれば、ナイハンチという型は、接近戦には適していても、遠い間合いの戦いには適さない型なのでしょうか？　それに答えるためには、現実の戦いというものを今一度考えてみる必要があります。

　きれいな技が極まったら審判が割って入ってポイントを宣告し、再び離れたところから攻防を再開する競技としての空手道とは異なり、実際の戦いの中では、長い距離を保ちながらポイントを取り合うような攻防は、想定しづらいものがあります。武術である以上、きれいに技が極まったように見えてもそこで終わりということはなく、完全に相手を制圧しなければならないからです。

　また、武術としての空手が前提としているのは、王国時代の琉球です。舗装整備された現代の都市と異なり、石がゴロゴロ転がっているその時代にあっては、あるいは、たとえ整備された石畳の上であっても、相手と距離を取って突いては離れるといった攻防を想像するのは難しいです。もっと言えば、舗装整備された現代の路上であっても同じことです。

即座に相手を制さなければ何があるかわからない現実の戦いにおいては、相手と一定の離れた間合いを取りながら、突いては離れるアウトボクシングのような攻防は現実的ではありません。

もちろん、掴まえることのできない離れた間合で相手と対峙する状況は、当然考えなくてはなりません。武術として伝承された沖縄空手の型には、遠間から相手に覚られずに、あるいは一瞬のうちに間合いを詰めたり、また、まるで詰将棋のように順を追って相手の自由を奪いながら距離を縮め、確実に仕留める技法や、それに必要な身体操作が秘められています。

発祥地の沖縄で武術として継承されてきた空手においては、首里手、泊手、那覇手の別にかかわらず、超接近戦を想定した技術につながっていきます。

第3章

ナイハンチに秘められた接近戦技法

相手の意識を飛ばす仮当て

前章でナイハンチの冒頭部分の挙動について見てきましたが、そこに秘められている武術としてのエッセンス、接近戦において有効な技法は、それだけではありません。せっかくの機会ですので、ここまでの挙動の中に秘められた、沖縄の空手に共通する重要な技法のいくつかについて紹介してみましょう。まずは仮当てです。

沖縄空手の用語として、特に仮当てというものがあるかどうかわかりませんが、必ずしもそれでとどめを刺すというわけではなく、相手を制するための手順として、まず当てる、打つ、ということから、ここでは仮当てと呼んでみます。

一撃で倒すという空手のイメージからすると違和感があるかもしれませんが、現実として相手はこちらの技を受けてくれるわけではありません。屈強な人間が戦意を持ったならば、取手だとか投げだとか言っても、簡単にかかるものではないのです。自分より屈強な者に対しても有効でなければ、技術とは言えません。

そこで出てくるのが仮当てであり、型に含まれる動きには、この仮当てが頻繁に出てきます。

本部朝基（右端）が相手役となり、女性に目打ちを指導している様子
（写真：本部流より提供）

しかし、ここまで見てきたナイハンチのわずかな挙動のいったいどこに、仮当てが出てくるのでしょうか？　それは、最初の右手を伸ばす動作です。

ここで写真を見てみましょう。右端にいる本部自身が女性の相手役となって、目打ちの指導をしています。本部が右手で女性の右手を掴み、手を掴まれた女性は、空いている左手で目に打ち込んでいます。暴漢に掴まれた時、即座に打ち込む動作を想定したものでしょう。まさにナイハンチの最初の腕を伸ばす挙動そのものです。

ことによると、ナイハンチの中ほど及び最後に出てくる拳槌打ちと鉤突きを同時に繰り出すような挙動（170頁写真参照）の分解を指導しているものかもしれませんが、いずれにしても同じことです。

大切なのは、相手に掴まれた瞬間に目を打っているということです。そして、それを女性に指導している。つまり、男性に比べて力の弱い女性であっても、相手の目を打ってしまえば、その身を守ることができるという護身術を教えているのでしょう。

本部流ではこれを「霞打ち」と呼び、「『目が霞む』から来ているのでしょうか」としています。このように、霞打ちというのは沖縄空手由来の言葉ではなく、日本柔術における言葉からきているものと思われます。

いずれにしても目を打つということは、当然のことではありますが、それほど有効なものです。仮に目を打たれたからといって、直ちに命にかかわるものではありませんが、打たれた相手は必ず一瞬（一瞬どころではありませんが）居つきます。そして居ついたその瞬間にさらなる展開につなげ、相手を制していきます。

ナイハンチであれば、入り身して相手の背中を押さえながら鈎突きや肘打ちで仕留めたり、目を打った手で相手の腕を巻き込んで肘を極め、鈎突きや肘打ちを叩き込んでもいいでしょう。このように、相手を居つかせるからこそ次の展開につなげることが可能になり、その応用はいくらでも広がっていきます。

そうした「仮当て」は、首里手系、那覇手を問わず、沖縄の空手に共通した非常に重要な戦術です。ナイハンチの「伸ばしたる右手」からは、そうした武術の極意を学び取ることができます。

仮当ては無拍子で打つ！

こうした仮当ては、当然目を狙えば非常に効果的であり、その際はナイハンチに示すように開手で打ち込むのが有効です。もちろん裏拳打ちや拳槌打ちなど握拳の技術も有効ですが、指を伸ばしたほうが、当然のことながら距離を伸ばすことができますし、拳という「点」よりもより広い「面」で打つことができるので、精度が格段に上がってきます。だからこそ、ナイハンチの最初に伸ばす手は開いているのでしょう。

また、半身の体勢での打ち込みは、自らの正中線を外すことに加えて、より一層距離を稼ぐことができます。距離を稼ぐことができるというのは、自らの攻撃の幅が広がるという意味であり、自らの攻撃が当たる接近戦であることに変わりはありません。

ただし、むやみに打ち込んでも、相手がそれを察知してしまったとしたら、事前に身構えて

無拍子の仮当て（目打ち）により、次の展開が圧倒的に有利となる！

準備したり、あるいは避けてしまったりして、威力半減、あるいは、意味をなさないものになってしまいます。あくまで無拍子で打ち込まれるものでなければなりません。

そのためにはそれなりの稽古が必要ですが、それは次項で説明することとして、無拍子で瞬時に繰り出される仮当ては、顔面、腹、あるいは腕や足であっても、目ほどではなくとも、打たれた瞬間、相手は固まります。後ろから不意に「わっ！」と驚かされた時、ビクッとして体が固まるのと同じです。すなわち、居つくのです。だからこそ、そこから取手や投げなどさらなる展開につなげることが可能になります。

新城師は、筆者を相手に、ナイハンチの分解を実演してくださいます。もちろん怪我をさせないように手加減されますが、無拍子で繰り出される仮当てで意識が飛んだ次の瞬間、気づいた時には体のどこかを極められて、わけのわからない体勢で身動きできない状態に固められています。

逆に言えば、仮当てがあるからこそ、そうした次の展開につなげられるのです。屈強な、あるいは屈強ではなくとも、当然抵抗する相手に対し、いきなり取手技を掛けにいったとしても、約束組手の中でなければ、なかなか極まるものではないでしょう。

空手は一撃必殺とされ、究極の威力ある突き蹴りを目指して日々鍛錬を重ねていきますが、ブロックを叩き割るほどの鍛え抜かれた硬い拳でいきなり殴りかかったとしても、相手が戦う意識を持っていたならば、実際はなかなか当たるものではありません。

相手が意識しない瞬間に、あるいは意識しない箇所へ瞬時に打ち込み、居つかせるからこそ、投げでも極めでも、あるいは打撃でも何でも、必殺の技として有効になってくるのでしょう。

仮当ての上達法

仮当ての重要性について触れたところで、その稽古法を紹介してみます。それはタオルを使った稽古法です。

仮当てはもちろん、空手の様々な技術において重要な、脱力の中から繰り出される鞭のしなるような動き、いわゆるムチミは、昔から剛柔流においてとても重視された身体操作です。そんなムチミを身につける稽古法ですが、タオルを振り出したところは、ナイハンチの最初の挙動そのものにも見えます。

タオルを用いた仮当ての稽古法。ガマクの切り戻しを使い、ムチミを養成する

脱力の中から技を繰り出す身体ができれば、様々な技を無拍子で繰り出せるようになり、突きでも打ちでも、あらゆる技術の上達につながります。

まず普通のタオルを用意します。その一端を持ち、正面に裏拳横打ちを打つように振り出します。体全体をリラックスさせ、鞭を振る要領で、手首のしなりを使って振り出し、タオルが伸び切る瞬間に引き戻します。

この際、腕だけで打つのではなく、腰、すなわちガマクを使います。いわゆる逆腰です。まず股関節をリラックスさせます。仮に右足前に構えていたとしたら、見た目には、腰が反時計回りに水平回転したようになります。そこから一気に腰を時計回りに水平回転させ、タオルが伸び切る瞬間に、反時計回りに切り戻すようにフスガマク（臍下丹田）を締めます。腰の動きも、鞭を振る手首の動きと同様にスナップを使うイメージです。

最初は大きな腰の動きを通してガマクの使い方を学んでいきますが、慣れるに従って限りなく腰の動きを小さく瞬間的なものにしていきます。こうしたガマクの動きが見えないほどに最小化され、腕、手首を始めとした全身の脱力の中でタオルを振れるようになった時、瞬時にして相手を居つかせる仮当てにつながっていきます。

また、突き技にしても、それを単独で稽古していくよりも、こうした稽古を重ねることで、脱力の中から最後の一瞬に全身の力が集中する熟練の突き技に至る近道となるでしょう。もちろん柔らかな受け技の習得にもつながっていきます。

一つ一つうまく振り出せるようになってきたら、上段から中段、あるいは中段から上段など、ボクシングでいうダブルのパンチのように、連続で練習してみるのも有効です。

実に簡単な稽古法ですが、極意にも通じる非常に有効な稽古法ですので、ぜひ試してみてください。

突きの肘は曲がる⁉

次に、ナイハンチの前段に出てくる挙動に秘められた重要な技術のもう一つ、鈎突きについて説明します。

相手の懐に半身で入り身して相手を押さえ（据え物にし）、挟み打つという超接近した状態の中では、直突きでは突けません。そうした超接近戦において威力を発揮するのが鈎突きです。ナイハンチで鈎突きが多用されるということは、ナイハンチが超接近戦を前提とした型であるということを如実に物語っています

そして、鈎突きは、那覇手剛柔流においても、先ほど触れたセイサンの他、サンセールにも出てきます。左右の前蹴りから右肘揚げ打ち、左鈎突きと続く動作です。鈎突きを突いた状態からそのまま腰を落とし、肘打ちしている手を脇に引くと、ナイハンチそっくり、というよりも、そのものに近い形になります。

ただ、サンセールにおける鈎突きは、肘をきっちり90度に曲げるというよりも、もう少

サンセールでの、右肘揚げ打ち、左鈎突き

腰を落とし右手を脇に引くと、ほぼナイハンチ

し肘を伸ばした形で、やや下に向けて突き下ろす形をとります。これは相手との距離と体勢に応じた効く角度を教えているものです。

人間の体は、その部位に応じて打撃がより効く角度が異なりますが、相手との距離や体勢によっては、状況によりそれとはまた別の方向への打ち込みが有効になることがあります。

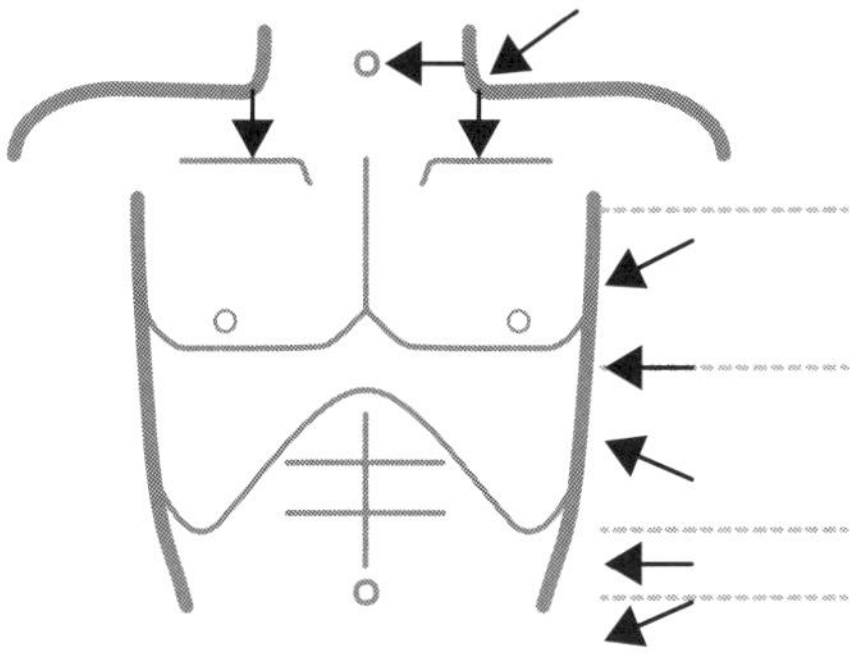

部位ごとの打撃が効く方向

通常相手の脇腹への攻撃は、下から突き上げるのが効く角度ですが、サンセールにおいては、肘揚げ打ちからやや下向きの鈎突きが続いてきます。つまり肘揚げ打ちが相手の上体に当たるほど接近し、肘打ちにより体勢を崩した状態で突き込む場合には、肘をやや曲げて下方向に向かって突き込むことが有効であることを教えているのです。

特に相手が蹴りを放ってきた場合など、相手の体が斜めになった状態では、サンセールに示す鈎突きの角度で突き込むと、非常に効果的な打撃と

相手が蹴りを放ち、体が上向きに傾いたところを、やや下向きに鈎突き

なります。

その時々の状況を踏まえつつ、相手のどこをどう狙うのか、型の動きがどう展開するのかをイメージしながら稽古していくことは、自らの技術レベルの向上につながります。

ところで、少し話がそれますが、この少し肘が曲がった突きの見栄えがよくないとしてなのか、直突きに改変しているサンセールを見かけることがあります。

鋳型として変えてはならないとされる空手の型は、実は学ぶ者のレベルに応じてその動作が変化します。学びのレベルに応じてより高度な次元を目指すための変化として、時代を超えて受け継がれてきた稽古のカリキュラムです。

一方で、サンセールにおけるこうした鈎突きから直突きへの改変は、より高度な次元を目指した技術の変化ではなく、技術の退化となってしまっています。

空手が沖縄から広く全国、そして世界に普及した過程においては、こうした改変が積み重ねられることで、技の本来の意味が失われ、意味不明の「不思議」な型に変化してしまった例が多く見られます。空手の技術が本来意図するところを、しっかりと見極めていくことが大切でしょう。

剛柔流のサンセールとも似た、本部朝基の組手写真

ところで、本部が大正15年に著した『沖縄拳法唐手術（組手編）』に、組手の写真が掲載されています。その〈第三十五図〉、剛柔流のサンセールとよく似ていませんか？（上写真）。

第4章 接近戦と取手技法

空手における柔術技法「取手」

接近戦の中で必要となる技法に「取手」があります。沖縄の方言では「トゥイディィ」となり、空手における柔術技法を指します。

前章に掲載した本部による女性への指導写真でも、仮当てで暴漢を居つかせた女性は、例えば次頁写真のような取手につなげて暴漢を制することでしょう。そうでなければ、目の痛みが回復した相手はさらに襲ってくるかもしれません。

取手については、久場師の著書に記述があるので、引用させていただきます。

「入受はずし取手法有之又口伝多し」。是は糸洲十訓に書かれた言葉で、型を学ぶ上での心構えとして取手技法と口伝の重要性を語る箇所だが、こうした糸洲の示唆にもかかわらず、現在の首里手系は型の中の技法としてより、別系統の技法として取手を学ぶ傾向にある。それが首里手系の型の取手技法の解釈の秘密性、口伝の非公開性によるものか、それとも、取手技法が

仮当ての後、速やかに取手技法で投げて固める

型の中の技法というより、応用技法と考えられていることによるのかは定かではない。那覇手系は（中略）取手技法も型の中で学ぶ。ここに首里手系との違いがある。

なお、本書にいう首里手とは、松村宗棍の手としていますが、糸洲の記述も、糸洲が学んだ松村を含む琉球王国時代から伝わる手について書かれているものとして理解して差し支えないでしょう。

久場師の記述に見られるような取手に対する学び方の違いも、首里手系、那覇手のステレオタイプ形成の一因になっているかもしれません。しかしどのような方法にせよ、首里手系でも取手を学ぶということは、その必要性があるから学ぶのであり、実際に新城師から指導を受けた首里手・泊手の型の解釈は、取手の技術にもつながっていきます。

このように記すと、読者の中には、「そんなに取手（柔術技法）を学びたいなら、最初から柔術や合気道を習えばいいではないか」と思われる方もいらっしゃるかもしれません。しかし、空手における取手の技術は、突き蹴りと別々に存在するものではなく、効果的、効率的に相手を制する手順の中で、突き蹴りとセットとして、その系統を問わず当然に含まれている空手本来の技術なのです。

ただ、型の中の様式として表現されると、見た目にはわけのわからない動きになるために、久場師、新城師がその技術を公開されるまでは、あまり注目されることがなかった技術なのだと思います。

突きができれば取手もできる

平成18年11月、久場良男師、新城孝弘師が、剛柔流拳法の型に秘められた技の実用法を公開しました。その際、特に大きな反響を受けたのが取手でした。

ニコニコしながら技を繰り出す久場師、新城師に、様々な流会派のチャンピオンクラスの屈強な大男たちが、手首を取っては投げられ、肘を取っては、見たこともない形に固められるといった現実に遭遇しました。それまで突き蹴り主体であると思われていた空手に、これほどまでに柔術的技法が含まれていたのかと、カルチャーショックを受けたものと思います。

それ以後、沖縄の久場師のもとには、空手はもとより様々なジャンルの格闘技や武道をそれ

突きを指導する久場良男師（右）。取手技の基本は、突き技と全く同じだという

なりのレベルまで極めた人たちが、ひっきりなしに訪れるようになりました。そのほとんどは、沖縄まで行けば、取手を教えてもらえるものと思っていたようです。

しかし、そこで久場師が指導したことは、基本の突き蹴りだけでした。筆者の場合は、取手というより空手そのものを学びたくて久場師のもとを訪れたのですが、それでも最初は、不思議に感じた部分があったかもしれません。

そうした疑問について、実際に久場師に尋ねてみた人も複数いたようです。そんな時に師がいつも答えるのは、「ん…？　今日はずっと取手の稽古をしていたよ」ということでした。「ん…？」と言いたいのは尋ねた人のほうでしょう。まるで禅問答のような、質問した人ならずとも、？マークでいっぱいになる回答ですが、実際にそのとおりなのです。

なぜか？　それは、最初誰もが思っていたイメージのとおり、やはり空手は突き蹴りが基本の武術であるからなのです。ただ、その突き蹴りをより活かしていくための取手があるとともに、その取手の基本は打撃、特に突きと全く同じなのです。さらに言えば、突きと全く同じ筋肉の使い方であるということです。

だからこそ、突きの基本さえしっかり身につけていれば、あとは取手なんて自然にできるようになってくるよ、というのが、久場師の回答の真意であるのです。

そうは言っても、「突き蹴りの筋肉の使い方のどこが取手なんだ？」と、読者の皆さんはしっくりこないことと思います。そこで次項においては、日本柔術や合気道などにも共通する代表的な技法である「小手返し」を例に、もう少し詳しく見ていくこととしましょう。

手首をクラッシュさせる小手返し

「小手返し」といえば、合気道や日本柔術各派において、名称の違いはあるかもしれませんが、いずれにおいてもその最もポピュラーな技の一つと言えるのではないでしょうか。

この小手返し、空手においても当然存在します。剛柔流拳法においては、いわゆる小手返しだけを指すわけではありませんが、逆関節を取って投げる技全般を「逆取り投げ」、あるいは「逆取り返し投げ」と表現し、いずれの型においても、その分解の中で必ず登場する技術です。それは本来、首里手・泊手の型においても同様です。

合気道の小手返し

では、その逆取り投げとは、合気道や日本柔術各派などの日本本土に伝えられるものと同じものなのでしょうか。写真を見る限り全く同じ技術に見えます。しかし、同じように見えても、久場師の剛柔流拳法における逆取り投げは、それらとは明確に異なる身体操作により繰り出されるものです。

筆者が合気道などの門外漢であることによる多少の言葉の不足はご容赦いただきたいと思いますが、一般に合気道や日本柔術各派における小手返しは、様々な演武の様子を見てみると、最大公約数的に言って、フワッとした感覚で投げているように見えます。

剛柔流拳法ではどうでしょうか。一方の手で相手の手を取り、もう一方の手を添えて逆を極めて投げるという基本的な動きに何らの違いはありません。ただ、最大の違いは、ここで相手の手首をクラッシュさせるということです。

どういうことか。日本武道一般の小手返しは、先にも述べたようにフワッとした感覚で投げるように見えます。しかし剛柔流拳法の逆取り投げにおいては、例えば左手で相手の右手を取ったとすると、左手小指薬指の引きと同時に親指で押さえ（ここまでに日本柔術各派との違いがあるかどうか筆者にはわかりません）、添えた右手を、正拳突きの如く一気に突き出すのです。

チンクチ、ガマクの養成により、非常に大きな威力を秘めた突き技そのままに手首の関節が瞬間的に極められるのですから、まさに手首がクラッシュしてしまいます。どちらが優れているとかいう問題ではなく、剛柔流拳法における逆取り投げ、小手返しはそういうものなのです。

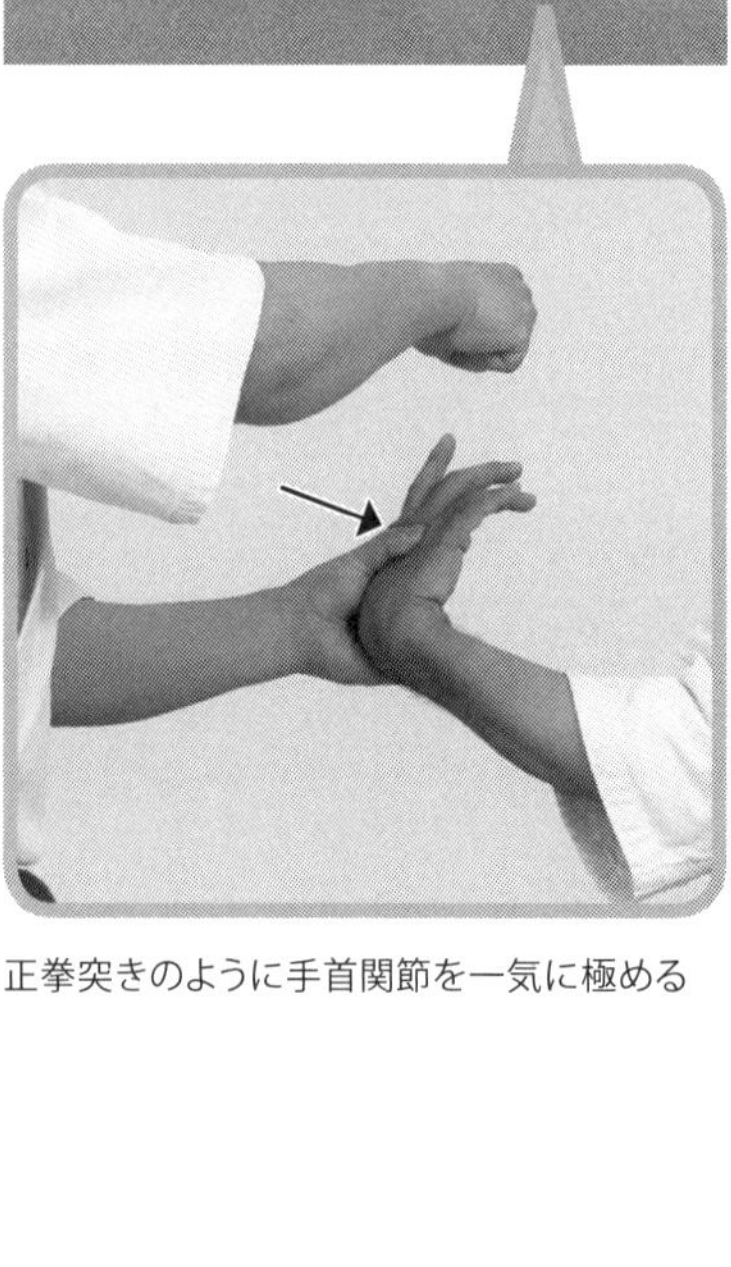

正拳突きのように手首関節を一気に極める

剛柔流拳法の逆取り投げは、相手の手首をクラッシュさせる危険な技だった！

ただ、初級者に指導する場合、それは仮に他武道や格闘技の経験者に指導する場合にも同様ですが、基本的な技の形や動きの流れを理解させるため、日本柔術などと変わらないであろう形で指導することがあります。たとえどんな武道や格闘技の経験者であっても、剛柔流拳法が求める突きができているとは限らない場合がほとんどだからです。

突きこそ逆技の基本。日本武術の大東流にも同様の技法があるようにも聞いたことがありますが、いずれにしても、その違いなどわからずに、ただひたすらに師の言う通りに稽古していた筆者にとって、その意味を体で理解した時の衝撃は、あまりに大きいものでした。「剛柔流拳法の取手は危険すぎる…」と。

とはいえ、それほど危険な剛柔流拳法における逆取り投げが、どんな場合にもそのまま通じる万能な技であるかというと、必ずしもそうではないでしょう。当然ながら、相手や状況に応じた変化が必要になってきますし、そうした場合の技法が剛柔流拳法には存在します。

ただ、そうした技術は、道場において誰にでも指導するものではありません。それなりの稽古を積み、師に認められた弟子が、例えば師と一緒にお酒を酌み交わすなど何気ない日常の中で、師のポツリと言った一言の中で伝授されるというのが、剛柔流拳法における伝承の形であり、久場師とその師匠である渡口政吉師の間における師弟関係でした。

師の何気ない一言の中に何を学ぶか。師の教えを学び取れるのか。それは、教えを受ける者の資質によります。

一人でできる取手の予備運動

剛柔流には予備運動というものがあります。これは単なる準備運動やストレッチ運動ではなく、型に含まれる技を実用化していくための基礎を作る運動です。

ここでは、取手につながる3種類の予備運動を紹介します。いずれも自分の手を相手の手に見立てて稽古するものですが、後に記すとおり、空手の型は自分の手を相手の手に見立てる動作が多く含まれています。それがわからなければ、わけのわからないこじつけの型の解釈が生まれてしまいます。

そうした点からも、実に空手らしい予備運動と言えますし、取手を学ぶ上で必須の稽古法です。皆さんぜひそれぞれの稽古に取り入れてみてください。

①手首を引き上げる予備運動

左手を掌が下向きになるように返し、右手の小指、薬指を中心に、左手の手刀部を押さえます。右手親指はカギのように曲げ（三戦ガーミを持つ形）、手首の付け根を押さえます。

そこから、右手親指の第一関節部で押さえ、小指と薬指を使って左手首を引き上げるように、痛いくらいに屈します。中指は小指と薬指につられる程度。人差し指は使いません。写真では人差し指を立てているように見えますが、使わないということを表現しているだけです。

合気道でいう上段腕絡みのような取手にもつながる予備運動です。

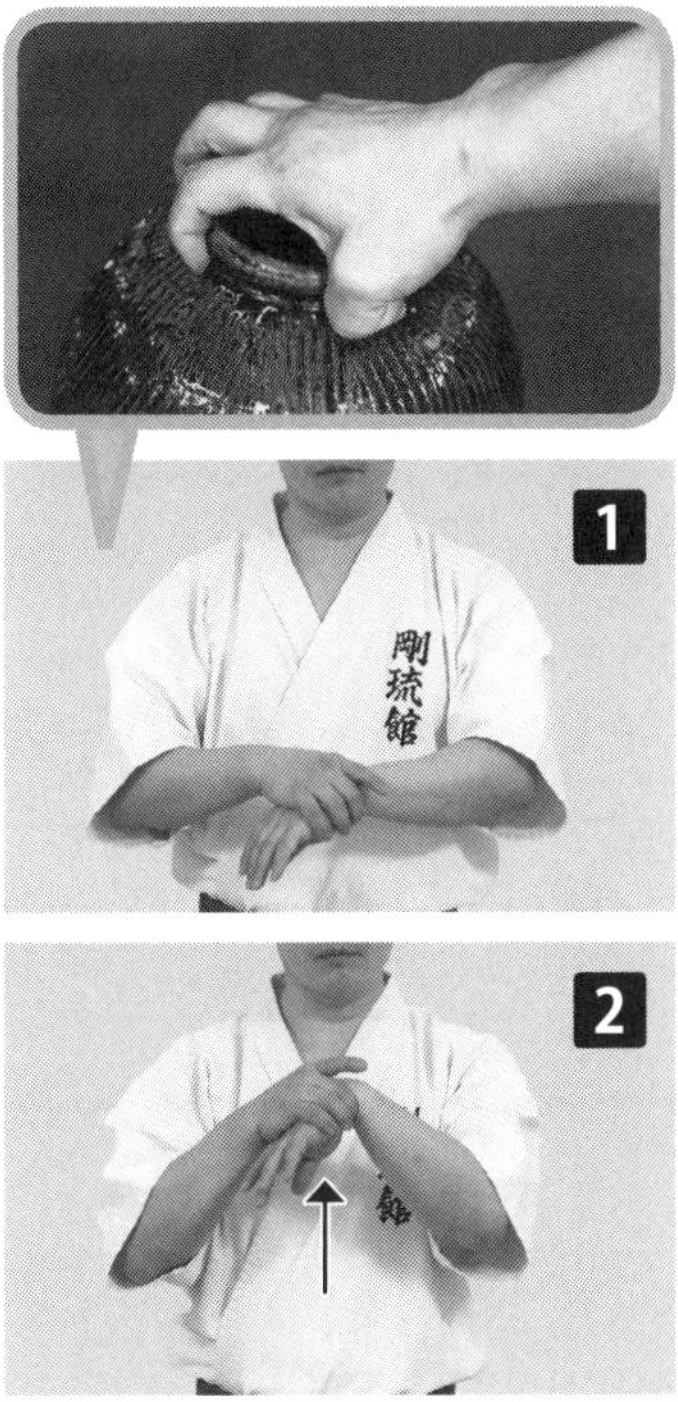

手首を引き上げる予備運動

合気道の上段腕絡みのような取手に

②手首を引き下げる予備運動

左手を指先が上、掌が外向きになるように返し、右手の小指と薬指を中心に、左手の親指の付け根、拇指球を押さえます。右手親指は、左手甲の小指と薬指の間のライン上を押さえます。そこから、右手の小指と薬指を引き、親指を押して手首を痛いくらいに屈します。両手は下に引きつけられるように動きます。中指は小指と薬指につられる程度の感覚、人差し指は使いません。写真では人差し指を立てているように見えるかもしれませんが、別に立てる必要はなく、使わないということは予備運動①と同じです。この人差し指は、技がうまく掛からなかった時、別の用途に使用します。

合気道でいう小手返しのような取手につながる予備運動です。

手首を引き下げる予備運動

合気道の小手返しのような取手に

③手首を返す予備運動

左手を指先右、掌が正面を向くように返し、右手の小指、薬指を中心に、左手の手刀部を押さえます。右手親指はカギ状に曲げ（予備運動①と同じ）、手首の付け根を押さえます。

そこから、右手の親指の第一関節で押さえ、小指と薬指を引くようにして手首を痛いくらいに返します。左手の親指側が正面上方向に返されるように動きます。中指は小指と薬指につられる程度の感覚、人差し指を使わないことは、予備運動①②と同様です。

手首の関節というよりも、腕の〝筋〟を極める技術の稽古と言えます。合気道でいう三ケ条のような取手にもつながる予備運動です。

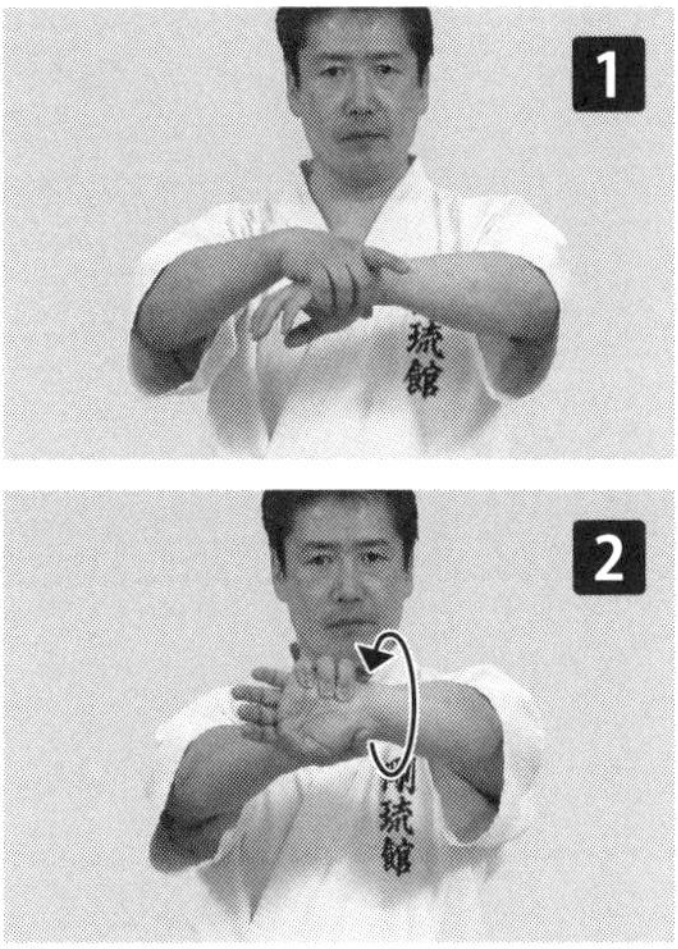

手首を返す予備運動

合気道の三ケ条のような取手に

第5章

那覇手に見る接近戦技法

本章では、取手が型の中にどのように織り込まれているかについて、剛柔流のサイファー、そしてセーユンチンを通して見ていきます。

サイファーは、撃砕の型が創作される以前は、剛柔流に入門すると最初に習うものとされた型です。踏み込んで裏拳打ちまでつなげる動作が、右・左・右と3回続けて出てきますが、これが取手の基本を教えています。

そしてセーユンチンでは、サイファーで学んだ取手技法を、さらにレベルを上げて学んでいきます。これら両型をしっかりと稽古しておかないと、取手の上達はおぼつきません。

ちなみに、宮城長順師は警察で指導する際、6か月という警察官の限られた研修期間を考慮して即逮捕術にも通じるセーユンチンを指導し、自宅で弟子に指導する際には、サイファーからじっくり指導したようです。

ここでは、サイファー、セーユンチンの冒頭に出てくる取手技法について解説していくとともに、泊手の型ローハイとの共通点などにも触れていきます。

サイファーで学ぶ取手の基本

【型の動作】

左掌で右縦拳を包みつつ右足を踏み出し、左を向いて直立、左掌で包んだ右拳を左脇まで捻り込む。そこから左掌で押さえて右裏拳打ち。これを右・左、交互に3回繰り返す。

取手技法を伝えている、剛柔流サイファーの冒頭部分

【解説】

取手の基本を学ぶ、サイファーの肝ともいえる動きが、型の冒頭に出てきます。

一般に右拳に左掌を添える部分の本来の意味が伝わっておらず、強い力で手首を掴まれた場合に片手では外せないので、両手で引いて外すといったような解釈がなされる場合もあるようです。

しかし、左手を添えて引いたからといって、外す力が強くなるというものではありません。それで外れるのであれば、わざわざ左手を添えて両手で引かなくても外れるのです。

では、右拳に添えた左手は何をしているのでしょうか？　この左手は、実際は相手の手をとらえています。すなわち取手を示唆しているものであり、本来は相手の手を取る動作を、一人で演ずる型だからこそ、自分の手を取る形で表現しているものです。

さらに、右拳に添えた左手の意味以外にも、この一歩を踏み出す動作の中には、いくつものポイントが含まれています。

まず、相手に掴まれた時、嫌だ嫌だと言って引っ張ると、相手は離すまいと余計にしっかりと掴んできます。ここは逆に抵抗せず、そっと掴まれた右拳に体を寄せるように踏み込みます。掴まれた右拳が自らの体の近くにあるほうが、力が入るのは当然です。

掴んできた相手に抵抗せず、そっと身を寄せる

掴まれた手は、やや上向きの縦拳にすると、相手の握りが弱くなる

また、パッと飛び込んでしまうと、相手はこちらの攻撃を察知して準備してしまいます。あくまでこちらの意図を察知されないように、そっと踏み出します。こうしてそっと身を寄せることで、次なる反撃につながる「超接近戦」の間合いへ踏み込むのです。

この際、相手に掴まれた右手は縦拳とします。縦拳の形を取るだけで相手の握りが弱くなります。そして、その縦拳はやや上向きにします。それだけで相手の体を浮かせ、さらに相手の握りを弱くすることにつながります。

右鈎突きの要領で相手の体勢を崩し、左手で逆を取りながら右裏拳打ち

次に、直立して左方向を向き、掴まれた右手で鈎突きを突く要領で、あるいは肘打ちを打つ要領で、左脇まで捻り込みます。あくまで鈎突き、あるいは肘打ちの「要領で」ということであり、その分解が鈎突きや肘打ちであるものとして解釈してはいけません。

拳を捻り込まずに引く会派もありますが、捻り込むほうが自らの力を効果的に伝えやすい一方、相手の握りが完全には外れにくいために、相手はより体勢を崩しやすくなります。握りが外れにくいといっても、すでに力が利かない半握りの状態なので、押さえている左手によって容易に逆を取れます。

そうして相手を据え物にしたところへ、左足を後方へ引きつつ裏拳を打ち込みます。後ろ足を引くことで相手を引き崩しますが、様式化された型なればこそまっすぐに引くものの、実際はいずれの方向にも自在に引く、つまり体捌きしていきます。一旦直立した体勢は、どの方向にも体捌きできることを暗示しています。

なお、手首の逆を取られ、引き崩されたところへカウンターの裏拳打ちを入れられた相手は、当然ながら一瞬意識の飛んだ居ついた状態になります。だからこそ、そのまま投げることが容易になるとともに、固めて制するところまでつなげることができます。これも仮当ての用法の一つと言えるでしょう。

こうした一連の動作は、どちらの手で取られているか、どちらの足が出ているのか、また、相手との位置関係などにより、その対処法は様々に展開します。以下、基本的なパターンを四つに整理してみました。状況に応じて最適な取り方ができるように稽古したいものです

裏拳打ちによって居ついた相手は、投げて固めるのが容易となる

相手の左手で自分の右手を掴まれた場合に、外側から取るパターン

パターン① 逆の手で掴まれた場合（外側から取る）

逆の手、例えば相手の左手でこちらの右手を掴まれた場合、相手の前足の外側に踏み込み、左手で相手の右手を押さえ、右掌を外から回して外し、相手の右肘を屈することで手首、肘、肩の3か所を同時に極める。合気道でいう二ケ条に相当する取り方です。

パターン②　逆の手で掴まれた場合（内側から取る）

相手の前足の内側に踏み込み、取られた右手を内側に捻り、下から左手で取り返します。

相手の左手で自分の右手を掴まれた場合に、内側から取るパターン

パターン③ 順の手で掴まれた場合（内側から取る）

順の手、例えば相手の右手でこちらの右手を掴まれた場合、相手の前足の内側に踏み込み、小手返しの要領で取る。取手のための予備運動②で紹介したとらえ方です。

相手の右手で自分の右手を掴まれた場合に、内側から取るパターン

パターン④　順の手で掴まれた場合（外側から取る）

相手の前足の外側に踏み込み、取手のための予備運動③のとらえ方で取る。合気道でいう三カ条に相当する取り方です。

以上、サイファーの最初の挙動について、一通りの流れの中で解説してみました。この型の冒頭の動作こそが、サイファーにおいて学ぶべき取手の基本となる最重要な部分です。

相手の右手で自分の右手を掴まれた場合に、外側から取るパターン

セーユンチンで学ぶ取手の基本 ～サイファーやローハイとの関連～

サイファーが示す取手技法について、さらにレベルを上げて開手の形で学ぶのがセーユンチンの最初の動作です。

人間はびっくりした場合など、何かあると無意識に手を握りしめるのが本能です。まずはその本能に従って、握拳で取手の基本を学ぶのがサイファーです。だからこそ、撃砕の型が創作される以前は、剛柔流においては入門者が最初に学ぶ型でした。

ただ、拳を握っている手首は相手にとって掴みやすく、手を開いたほうが、手首あたりの筋肉が広がって掴みにくくなります。また、握拳より開手のほうが自由に使えるので、様々な動きに展開しやすくなります。

サイファーで学んだ技法について、さらにレベルを上げていくというのはそうした意味であり、セーユンチンは手を開く、つまり、本能を超えた技術に入っていきます。

取手につながる動作①

両手揚げ、両手捻り揚げ、拳槌開き

【型の動き】

右足を進めながら四股立ちに体を落としつつ、両手でハの字を作り、前腕を捻り返して手甲を合わせ、両拳を握って下段に開く。次項の「取手につながる動作②」の動きも含め、同じ動作を右・左・右と3回繰り返す。

【解説】

まず両手でハの字を作る動作は、合気道でいう合気上げに相当する

開手による取手技法を伝えている、剛柔流セーユンチンの冒頭部分

上級者になったら、両手でハの字を作る動作（129頁写真②）は省き、すぐに相手の手を取る

技法です。足を進めて四股立ちになるのは、相手に掴まれたら下がるのではなく、自分が前に出ていくことを教えています。ナイハンチに見た前に出るということは、取手においても重要です。

また、体を下げるとともにハの字を作ることで力点をずらし、相手の体を浮かせます。そこからは、状況に応じてサイファーで紹介した取手の四つの基本パターンにつなげていくことができます。

ちなみに、このハの字を作る動きは、合気上げに相当する技術を初級者が身につけやすくするために、特にピックアップして行っている動作です。レベルが上がってきたならば、型においてもハの字を作る動きはせずに、いきなり両手を捻り上げる形で稽古します。あえて合気上げに相当する動きをピックアップせずとも、掴まれた時にすぐさま取手につなげるためです。

首里手系の型においても、というより泊手の型ですが、この合気上げに相当する動きがそのまま出てくる型があります。それはローハイです。やはり型の冒頭に、両開手を上げる動作があります。そこから、右足を右横に進めて四股立ちになりながら、右下段手刀打ちへとつなげます（次頁写真）。

この部分の解釈は、やはり両手首を掴まれた場合、左手で下から相手の手を取り、四股立ちに体を落としながら小手返しのように逆を極め、崩れた相手の首筋に右手刀打ちを入れるというものです。

両開手を上げて右下段手刀打ちにつなげるまでの動作が、セーユンチンにおいて両手でハの字を作り、捻り上げ、下段に両拳槌を開く動作と共通しています。

セーユンチンでは、相手に両手首を掴まれた場合、左手で下から相手の手を取り、小手返しのように極めて、崩れた相手の頭部に右拳槌打ち込むという解釈ができます。このセーユンチンの拳槌打ちが、ローハイでは手刀打ちになっています。

セーユンチンの下段へ両腕を開く動作が、実は下段への拳槌打ちであるということは、型の動きを見ただけでは、なかなかわからないでしょう。

ローハイの冒頭部分の解釈。まず相手の重心浮かせ、手首を逆に極めながら手刀打ち

泊手ローハイの冒頭で、両開手を上げてから右下段手刀打ちを行う部分

先のローハイの手刀打ちは、剛柔流のセーユンチンでは拳槌打ちとなっている

しかし、両開手を上げた後の技術がより明確に表現されているローハイの型を学ぶことで、セーユンチンの動作の意味が見えてきます。那覇手の型で見えにくい部分も、泊手の型ローハイの中では、よりわかりやすい形で表現されています。その逆の場合があることもまたしかりです。

首里手、泊手、そして那覇手であっても、型に秘められた技術の使い方は、それほど変わらない部分が多分にあります。イメージにとらわれず、互いの技術を研究していくことは、自らの技術レベルを上げていく上で重要なことです。

セーユンチンで学ぶ取手の応用展開

以上、那覇手のサイファーとセーユンチン、泊手のローハイという三つの型が、その冒頭において示す取手の基本について見てきました。

本項では、そうした取手の様々な展開について、セーユンチンの続く動作の中で見ていきます。

取手につながる動作は、相手に掴まれた場合に限らず、打撃技に対しても有効な対処法となります。解説の中では、便宜上掴まれたところから取手につなげる説明をする場合もあれば、打撃技に対処するところから取手につなげていく場合もあります。

仮に掴まれたところからの動きを解説していたとしても、同じ技の解釈を打撃技に対して用いる場合はどうなるのかなど、各自研究していただけたら幸いです。

そうした研究を進める中で、様式化されて一つにまとめられた型の動きが、実は幾重にも展開していくことを実感できたならば、それは空手を学ぶことの面白さの一つを体感したということになるでしょう。

型の最後まで見ていく中では、様々な動きが出てきますが、いずれも接近戦において有効な技法を示しています。

取手につながる動作②　掬い受け、掛け、貫手

【型の動作】

掬い受けから掌を返して掴み、引きつけつつ貫手。前項の「取手につながる動作①」に続き、右・左・右と3回繰り返す。

129頁写真に続く、剛柔流セーユンチンの動作

【解説】

掬い受けではなく、指を伸ばした形で中段横受けをする流会派もあります。前腕全体を使ったこの形で受けるほうが容易なので、初級者の段階ではこうした中段横受けの形で学ぶといいでしょう。

ただし、この形では相手の突きを弾くだけで終わってしまうため、レベルが上がったならば、さらに取手につながる掬い受けに切り替えて稽古していきます。そうすることで、とらえて引き崩したところに打撃を入れるなど、次の展開につなげていくことができます。

具体的には、左右の手が交差する掬い受けの中間動作で相手の突きをとらえ、右手でも左手でも、状況によりいずれの方向にも相手を崩します。

型では、相手が崩れたところに貫手を打ち込みますが、実際には平拳で突きます。型では貫手で稽古し、実際には平拳で突くこ

掬い受け（135頁写真①）を、中段横受けで学ぶ方法もある

左手で受けて崩し、右手で突いた場合

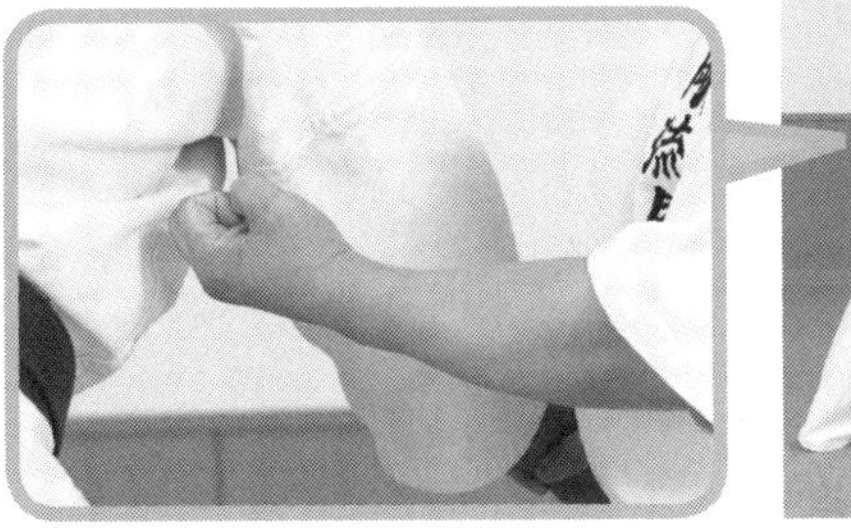

型では貫手だが、実際は平拳を用いる

掬い受けからの引き崩し、そして平拳突き

とについては、第2章で記したとおり、セーパイの貫手突きが、実用においては鶏口拳突きになるのと同様です。

取手につながる動作③

捻り解き、添え拳突き、引いて肘揚げ打ち

【型の動作】

猫足立ちに体を落としながら、右拳を捻りつつ左手を添えてみぞおちの前に引き、正面に突き出す。さらに右足を引いて右肘揚げ打ち。

【解説】

右拳に添える左手は、相手の手をとらえて逆を極めています。相手が左右いずれの手で掴んできても、その逆を取り、引き込んで崩したとこ

135頁写真に続く、剛柔流セーユンチンの動作

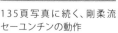

相手が右手で掴んできても、同様に逆を取り、右正拳突き

掴んできた手を逆に極め、崩したところに右正拳突き

そこから右足を一歩引いて、相手を引き込んでカウンターの肘打ち

ろにカウンターの右正拳突きを突き込みます。

右足を引くのはさらに相手を崩すことを意味し、カウンターで肘打ちを打ち込みます。

取手につながる動作④ 添え手中段受け、四股立ち下段受け、四股立ち下段受け

【型の動作】

右斜め方向に、左手を添えて右中段横受け。左足を進めて四股立ち左下段受け、左足を引いて右下段受け。左方向にも同様の動きを行う。

138頁写真に続く、剛柔流セーユンチンの動作

掴んできた相手の腕をとらえ、一歩入って下段拳槌打ち。さらに、足捌きを使って投げる

【解説】

相手が右手でこちらの右手を掴んできた場合、右中段横受けの動きで返しながらとらえ、左手で相手の肘を押さえて肘関節を取ります。そこへ四股立ちに踏み込んで左下段拳槌打ち。さらに左足を捌いて右下段受けの軌道で、相手を投げます。

左手で相手の腕を引きつけながら、右裏拳打ち（または右揚げ突き）につなげることも可能

　型の動きは自らの右手に左手を添えているため、見た目そのままに、相手の力が強いから両手で受けるという解釈も見たことがありますが、自分の手にもう一方の手を添えたからといって受ける力が強くなるというものではありません。これについては、サイファーの冒頭に出てくる自らの拳にもう一方の手を添える動作の中で解説したことと同様です。

　仮に相手が右拳で突いてきた場合であっても、同様の動きで対処できます。

　また、型では途中までしか示していませんが、右中段横受けに添えた左手で相手の腕を掴んで引きつけるとともに、右中段横受けからの変化で右裏拳打ち、あるいは右揚げ突きなどにつなげていくことができます。

なお、首里手系のパッサイの冒頭にも、交差立ちに踏み込みながら右手に左手を添える添え手受けの動きが出てきます。左手を添えた受けは、セーユンチンと同様の解釈ができます。交差立ちは投げる体勢に入っていることを表しています。

那覇手でも首里手系でも同じように、両手で入るということは、受けた瞬間に取りや投げにつなげることを意味しています。

セーユンチンと同様に右手に左手を添える、首里手系パッサイの動き

取手につながる動作⑤

上段揚げ取り、下段手刀打ち

【型の動き】

四股立ちで開手上段揚げ受けと下段手刀打ち。一歩引いて反対側も同様の動き。

【解説】

相手の左手でこちらの左手を掴まれた場合、左上段揚げ取りで取り返し、相手の下腹部に右手刀を打ち込みます。

このように、手首を取られた時の対処法にもなりますが、ここで重要な

140頁写真に続く、剛柔流セーユンチンの動作

揚げ突きは、相手の胸を滑らせるようにして突き上げる

掴んできた手を上段揚げ受けで取り返し、手刀打ち

のは、打撃に対する対処法としての上段揚げ取りです。特に、揚げ突き、アッパーに対する対応として重要な動作です。

剛柔流における揚げ突き、いわゆるアッパーは、手甲が相手の胸に触れたところから、胸を滑らせるように突いてきます。こうすることで、相手が頭を動かしても確実に顎をとらえます。下からの軌道で相手にとって非常に受けづ

相手の揚げ突きに対して、上段揚げ受けから取手につなげる

らいのが、揚げ突きの特徴です。

こうした揚げ突きに対して、四股立ちに体を落とし、半身に体を捻って開手の上段揚げ受けから取手につなげます。胸元を滑らせて入ってくる非常に受けづらい揚げ突きに対し、体の捻りと沈身とともに上段揚げ受けの動きでかわし、次の展開、取手につなげるものです。

上段揚げ受けは上からの攻撃を受けるイメージがあるかもしれませんが、実は下からくる攻撃への対処法として有効であることは、面白いポイントであると言えるでしょう。

取手につながる動作⑥　挟み打ち、裏拳打ち

【型の動き】

大きく右足を踏み出し、右前腕を左掌に当て、さらに踏み出して右裏拳打ち。

【解説】

相手の左手でこちらの左手を取られたとしたら、掴まれた手と挟み込むように右前腕を肘に打ち込んで肘を破壊し、すかさずさらに踏み出して顔面に裏拳を打ち込みます。左手の掴みが

突きだったとしても、同様に対処できます。

掴んできた相手の腕を挟み込むようにして打ち、肘を壊し、顔面へ裏拳打ち

144頁写真に続く、剛柔流セーユンチンの動作

取手につながる動作⑦

中段横受け・下段受け

148頁写真に続く、剛柔流セーユンチンの動作

体捌きしながら左手を返し、右下段拳槌打ち

【型の動き】

右足を移動させて回転し、中段横受けと同時に下段受け。次の「取手につながる動作⑧〜⑨」につなげる。反対方向も同様の動き。

【解説】

相手の左手でこちらの左手を取られたとしたら、右足を移動させて体を捌きながら左手を中段受けの形に返して取り返し、相手の下腹部に右下段拳槌打ちを打ち込みます。

取手につながる動作⑧

揚げ突き、裏拳打ち、下段受け、下段受け

【型の動き】

まっすぐ進みながらいきなり体を四股立ちに落とし、揚げ突きから裏拳打ち、下段受け、前足を大きく引いて左下段受け。「取手につながる動作⑦～⑧」と続く動きを反対側も行う。

149頁写真に続く、剛柔流セーユンチンの動作

相手の突きを押さえ、一気に体を沈めて揚げ突き

【解説】

前述の「取手につながる動作⑦」の体勢から一気に体を沈めて揚げ突き、裏拳打ち、下腹部への下段拳槌打ち、居ついたところへ足捌きを入れながら投げる動きです。「取手につながる動作④」の解釈とさほど変わりません。

体を沈めて揚げ突きをする動きは、相手の突きを押さえながら揚げ突きにつなげる分解とすることもできます。まっすぐに出ると見せかけて一気に体を落とすことで、相手を幻惑します。

揚げ突き、裏拳打ち、下段拳槌打ちから、合気道の上段腕絡みのように投げる

また、型の中で同じ動きが繰り返される場合は、別の分解を工夫すべきです。ここでは投げの部分を、合気道でいう上段腕絡みのような形で行ったケースを紹介します。

取手につながる動作⑨　肘揚げ

【型の動き】

猫足立ちに体を落としながら上体を捻って右肘揚げ、左後ろ肘当て。反対側も「取手につながる動作⑦～⑧」に続けて同様の動作を行う。

【解説】

後ろからがっちり抱きかかえられた場合の対処法を示しています。体を半身に捻り、猫足立ちに体を落と

150頁写真に続く、剛柔流セーユンチンの動作

後ろから抱きかかえられた時、体の捻りと落としに合わせて肘を使って外す

しながら肘を上げ、後ろに肘打ちを入れることで、抱きかかえる腕を外します。猫足立ちになる際は、後ろにいる相手の足に、下げた足を掛けてストンと体を落とし、突き出した尻で相手を崩します。

剛柔流拳法におけるこの動作は、剛柔流他派の動きと比べ、特徴的な部分が二つあります。

一つ目は、肘を内側から上げるということです。上になっている腕を上げようとしても、相手に抱きかかえられているため難しいでしょう。一方、内側になっている肘であれば、簡単に上がるということを教えています。

二つ目。それは、後ろ足を相手の足に掛ける動きです。一般に前足を移動させて猫足立ちに移行するセーユンチンの動きも見ますが、剛柔流拳法においては、このような意味から、後ろ足を移動させて猫足立ちに移行します。

内側になっている肘を上げることと、後ろ足を相手の足に掛けるところがポイント

取手につながる動作⑩　裏拳打ち

【型の動き】
左手で押さえながら、右の裏拳打ち。

153頁写真に続く、剛柔流セーユンチンの動作

【解説】

相手の手を押さえ、引き込みながらカウンターで裏拳打ちを打ち込みます。相手の手をとらえているので、そのまま逆取り投げにつなげることができます。

単純な動きですが、次章で解説する夫婦手に通じる非常に重要な動きです。

相手の手を押さえ、引き込みながら裏拳打ち。夫婦手に通じる動きとなる

取手につながる動作⑪　くり受け

【型の動き】

猫足立ちに体を落としながら、両肘くり受け。

156頁写真に続く、剛柔流セーユンチンの動作

【解説】

くり受けは、首里手系にはない那覇手剛柔流特有の受け技です。相手の中段突きを肘で外します。型では受けるところまでしか表現していないものの、本来は受けの軌道からそのまま肘打ちにつなげます。くり受けが出てきたら、必ず肘打ちにつなげるものと理解してください。

相手の中段突きを肘で外し、そのまま肘打ち

ちなみに、くり受けの軌道は、両肘を締めて下ろし、みぞおちをこするようにして内から外に開きます。型において双手でくり受けをするのは、両前腕を合わせるようにすることで、脇を締めて下ろしてきた肘が、みぞおちをこするように内から外へ開く軌道を体得させるためだと理解できるでしょう。

第6章

接近戦と夫婦手

受け即攻撃となる両手の連動

沖縄の空手について語る際、よく出てくる言葉に「夫《め》婦《おと》手《で》」があります。沖縄では「ミートゥディ」と発音します。左右の手が夫婦のように連動して動く技術として、接近戦の中で大きな効力を発揮する、空手を学ぶ中で本来欠かすことのできない技術です。

まずは、本部朝基著『私の唐手術』より、夫婦手に関わる記述を引用します。

本部朝基の夫婦手の構え

夫婦手を示す當真正貴師

夫婦手の型

実戦の場合には、両手は常に前図の如く、くっ付けて置かねばならぬ。普通夫婦手と称して居る。この両手を如何運用するかと言へば、前の手は前線に立って

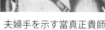

戦ふので、攻撃もすれば防御もする、即ち突く或いは敵の攻撃を受けはづすと同時に、直ぐ突くので、後の手は常に予備として置くので、前の手で間に合ぬ時に、後の手を以て攻撃もすれば、防御もするのである。この構え方は、普通知らないやうだ。よく構へるのに、片手丈け前方に突き出し、片手を脇腹に付けて、突く用意をなし、前の手を防御即ち死手、後の手を攻撃即ち生手と称して居る方もあるが、実際に適合しない考へ方で、誤れるも甚だしいのである。

斯様な構へ方では、実戦の場合に手遅れとなるおそれがある。攻撃する手は、なるべく敵に近いのが有利で、結局敏活なる活動が出来るのである。この構へ方が、組手に応用せらるゝのを見たら、其効果の偉大なる事を悟られるであろう。

本部の空手がいかに実際の戦いにおける有効性を求めていたかがよくわかるとともに、本部の考える夫婦手がどういうものであるかが記されています。

この中で本部は、「前の手は前線に立って戦ふので、攻撃もすれば防御もする、即ち突く或いは敵の攻撃を受けはづすと同時に、直ぐ突く」としています。剛柔流において、そうした動きを明確に表現されている型がクルルンファです。型の前半において、斜め前方向に向かい、猫足立ち裏受けの形から、後ろの手で押さえて前の手の揚げ突きにつなげる動きです。

剛柔流クルルンファの前半で、夫婦手を教えている部分

型では裏受けの形から引いて揚げ突きにつなげますが、型だからこそ一旦引く動作で表現しているものの、実際は裏受けの形からそのまま揚げ突きにつなげます。前の手が「敵の攻撃を受けはづすと同時に、直ぐ突く」という夫婦手が表現された動きです。

さらに本部は、「後の手は常に予備として置くので、前の手で間に合ぬ時に、後の手を以て攻撃もすれば、防御もするのである」としています。前の手の重要性を指摘するとともに、前後いずれの手も、防御、攻撃のいずれにも自在に展開するということを言っているのでしょう。

そして、「よく構へるのに、片手丈け前方に突き出し、片手を脇腹に付けて、突く用意をなし、前の手を防御即ち死手、後の手を攻撃即ち生手と称して居る方もあるが、実際に適合しない考へ方で、誤れるも甚だしいのである」とあります。

一般に空手の型や基本を見てみると、脇に引いたところから技を繰り出すことが多いようで

剛柔流拳法の上級者は、掌をみぞおちの前に置き、そこから突く

空手では一般的に、拳を脇に引いたところから突く

す。これは、長い距離の中で正しい技の軌道や筋肉の使い方を身につけるための基礎的な稽古法として有効ですが、実際の戦いにおいては、そのままでは使えません。

剛柔流拳法における基本稽古では、レベルが上がった者は引き手を脇に取らず、開いた掌で手首をしっかりと上に返し、みぞおちの前から突く方法に切り替えます。これは、本部の言う「攻撃する手は、なるべく敵に近いのが有利で、結局敏活なる活動が出来るのである」につながります。

このみぞおちの前に開手を置く基本稽古法について、前著では上級者は短い距離でも突ける、そしてそのほうが威力があるという、突き技の威力に注目した解説をしました。これに加え、本部が言うように、相手に近い手を自在に使いこなす、「攻撃もすれば、防御もする」ためにも、さらには、左右の手の連動した動きを学ぶためにも、とても効果的な稽古法となります。

例として、クルルンファから取り出した揚げ突きの基本稽古を見てみましょう。


まず、構えた形。これは揚げ突きを突き終えた形です。みぞおちの前の引き手は、相手の攻撃を押さえ、引き崩した形です。

そこから前の拳を開いて返し、それをみぞおちの前に引きつけながら、揚げ突きを突き込みます。あとは左右その繰り返しです。

一般的に引き手は、単なる引き手としか認識されていないかもしれませんが、この基本稽古

クルルンファから取り出した、揚げ突きの基本稽古

相手を引き崩しながら、揚げ突き。受け即攻撃となるように両手を連動（夫婦手）させる

における引き手は、相手の攻撃を押さえ、引き崩すことを表現しています。その引き手が、次の瞬間には即揚げ突きに変化していきます。こうした動きが、基本稽古の中で、左右の手が一体として連動するように繰り出されていきます。

まさに「前の手は前線に立って戦ふので、攻撃もすれば防御もする、即ち突く或いは敵の攻撃を受けはづすと同時に、直ぐ突く」「後の手は常に予備として置くので、前の手で間に合ぬ時に、後の手を以て攻撃もすれば、防御もするのである」という動きです。

また、引き手の動きは、相手の攻撃を押さえるという受け手にとどまらず、自らの攻撃の仕掛けともなります。相手は手を押さえられると、一瞬それに気を取られます。その瞬間引き崩し、カウンターで揚げ突きを突き込みます。引き手は相手の手をとらえているの

引き手をみぞおちの前に置いた基本の受け

引き手をみぞおちの前に置いた基本の突き

引き手をみぞおちの前に置いた基本の打ち

で、揚げ突きで意識が飛んだところへ、さらに取手など次の展開につなげることも可能になります。

　単純な動きですが、相手の気をそらし、崩し、カウンターとして打撃の威力を上げる、さらには取手など次の展開にもつなげることができるという、いくつもの重要な要素を含んでいます。

　以上のような引き手をみぞおちの前に置いた基本稽古は、受けた手が即攻撃に変化し、攻撃した手が即受けに変化する、そして、左右の手の連動など、単純な動きの中に夫婦手につながるいくつものポイントが含まれています。

沖縄空手の秘技のようにも感じられる夫婦手ですが、実はこうした日常の基本稽古の繰り返しを通して、自然に身につけていくことができます。レベルの上がった修行者は、引き手を脇に取った基本稽古から、突き技、打ち技、受け技など、いずれも引き手を開手でみぞおちの前に置く基本稽古に切り替えていくといいでしょう。伝統的な型、基本稽古の重要性を改めて感じさせられます。

揚げ突きの構えの引き手を握ると…

ところで、この揚げ突きの構え、引き手を握ってみると、本部朝基の夫婦手の写真（162頁）とそっくりではありませんか？

ナイハンチと夫婦手

こうした夫婦手の技法は、ナイハンチの中にはどのような形で出てくるのでしょうか。『私の唐手術』では、型の中盤に出てくる挙動を示した〈第十七図〉(左上写真)における解説で、「これ敵より突き込まれたるを受ける意、所謂夫婦手を型化せるなり」とありますが、この部分に限らず、夫婦手の技法は、ナイハンチの随所に表れてきます。

ナイハンチの中盤で夫婦手を表す動作

ここでは、型の冒頭部分、第2章で解説した〈第三図〉の右開手を伸ばす挙動を例に、夫婦手を用いた技の解釈として見てみましょう。左右の手の連動、それが、まるで詰将棋のように相手を追い詰めていきます。

まず、互いに対峙したところから、相手は左上段突きを放ってきます。それを左手で払うと同時に、右開手で相手の顔面に打ち込みます。前項で紹介した押さえて攻撃につ

相手の突きを左手で払うと同時に右開手打ち。
ブロックしてきた手を引き崩しながら鈎突き

なげる基本の動きです。

しかし、相手はそのままこちらの攻撃を受けてくれるわけではありません。当然ながら、空いている右手でブロックすることでしょう。しかし、夫婦手の技法はここから本領を発揮します。ブロックされた右手の打ち込みは、掴みに変化します。出てきた相手の右手をとらえて引き崩すと、体勢を崩された相手は無防備な状態。そこに、肘打ちでも鈎突きでも打ち込みます。

左の受けから右の攻撃、その右手は即座に掴みに変化して左の攻撃につなげる。まさにそれぞれの手が、受けから攻撃、攻撃から受けなどへと自在に変化し、同時に左右の手の連動により一つずつ順を追って相手を追い詰め、フィニッシュまでつなげていきます。

右開手の打ち込みは、相手のブロックを「誘う」動きであり、それに引っ掛かってちょうどいいところに出てきた相手の右手をとらえて引き崩すことで、無防備な状態に追い込み、左の肘打ちや鈎突きなどの攻撃で仕留めるというものです。

左右の手が連動する中で、あえて相手に反応させることで、逆に反応できない状態に追い込んでいく、こうしたことも、夫婦手の特徴の一つです。

回し受けと夫婦手

夫婦手の技法は、誰もがよく知る基本的な動き、回し受け（巴受け）からも学ぶことができます。

左右の手はそれぞれ「攻撃もすれば防御もする」し、別々の技術を示していますが、実用する際は左右の手が連動した効果的な動きに発展します。夫婦手を学ぶ上で有効なものであることから、ここで紹介させていただきます。

本州その他で見られる回し受けは、ただなんとなく似た動きを形だけなぞっている場合が多いようにも見受けられます。

まずは、正しい回し受けの動きから見てみることとしましょう。

◆基本の動き

①写真のように構える。
②上の左手を脇に引く。
③水平にした右手の手首を上に返し、指先を上に向ける。
④脇を締めたまま、指先が向く方向に向かって右手を回す。
⑤右手が帯の高さまできたら、
⑥アバラ骨の下へ引く。
⑦左手の手首を返して指先を下に向け、

⑧脇に置いたそのままの位置で指先が上になるように回転させる。
⑨肘を締めたま

ま、両掌を伸ばす。上の手はほぼ正面に向けて肩の前に突き上げる。下の手は、掌をやや内側に向けて鼠径部の前に出す。

これら一連の挙動が教える、動きのポイントを解説します。

◆右手のポイント

前述の基本の動き③～④部分は、いわゆる裏受けの正しい軌道と筋肉の使い方を教えています。重要なポイントは、最初に手首を返して指先を上に向けることと、肘を締めたまま回すことです。特に手首を上に返す部分は、手首のスナップを使って返すものではありません。

例えば、力の強い者に思い切り手首を掴まれたとしましょう。手首のスナップを使って返そうとしても、決して返せるものではありませんが、最初に指先を上に向けてしまえば、肘さえ締めておけば簡単に返すことができます。そうした正しい力の使い方と技の軌道をこの動きで身につけます。

最初に指先を上に向け、肘を締めたまま回す

◆左手のポイント

前述の基本の動き⑦〜⑧部分は、取手の基本となる動きを示すものです。サイファーの最初の挙動の「パターン①　逆の手で掴まれた場合（外側から取る）」で紹介した取り方です。

また、サンセールの中に出てきますが、相手の手を誘導し、手首を極めるのに必要な動きを教えています。相手の突きを上の手でとらえようとすると、左上段突きが飛んできた時に対処できませんが、下の手で誘導することにより、右手は相手の左上段突きに備えることができます（次頁写真）。

以上のように、回し受けは、左右の手がそれぞれの技術を示していますが、これを連動させた夫婦手の技法の一例を、サイファーの最後に出てくる回し受け（179頁写真）の分解例（180頁写真）で見てみましょう。

相手が右の中段突きを突いてきたとします。前述の基本の動き②に対応する動きとして、左手で突きを押さえます。同時に③④に対応する動きで、突きをずらします。右裏受けの形で

自分の下の手で相手の手首を誘導して、外側から取って極める取手技

自分の上の手でとらえようとすると、相手の左上段突きに対処できない

剛柔流サイファーの最後に出てくる回し受け

相手の右中段突きを左手で押さえてから右裏受け、すかさず左手で押さえ替えて右掌底打ち

す。すかさず左手に押さえ替えて右掌底を顔面に打ち込みます。⑨に対応する動きです。クルルンファと同様、裏受けした前の手、相手により近い手が、次の瞬間には攻撃、掌底打ちに展開しています。

ここで、右手で相手の突きを受けた後、わざわざ左手に押さえ替えて右掌底につなげる意味は何でしょうか。右裏受けをした体勢は、顔面ががら空きの状態であり、相手の左の突きが飛んできます。

左手で押さえ替えることで、相手の左突きがきても内側から防ぎつつ右掌底を打てる

先の右裏受けの体勢では、相手の左突きがくる危険性がある

よって、すかさず、というよりも裏受けした瞬間に左手に押さえ替え、右掌底を上段に突き込みます。こうすることで、相手が突こうとしても内側から伸びてくる掌底突きに阻まれます。本部の言う「敵の攻撃を受けると同時に突き込み」にもつながる、受けと攻撃が一体となった動きです。

受けた前の手がすぐさま攻撃に変化する。そして、左・右・左・右と、左右の手が緊密に連動する。こうした回し受けに含まれる技術も、夫婦手の一例といえるでしょう。

裏受けから喉輪・底突き

このように、回し受けは夫婦手の技法を秘めた技術です。

本項では、この回し受けをより実際の戦いに即した動きとしていくための稽古方法を紹介します。とても単純な動きですが、非常に有効ですので、ぜひ稽古に取り入れてみてください。

まず、組手の構えで立ちます。前に出した右手が回し受けの形に構えた時の上の手に相当し、みぞおちの前に置いた手が、水平に出した下の手に相当します。相手の右突きを、前に出した右手で押さえると同時に左裏受けで軌道をずらして返して掴み、引き崩しつつ右手で相手の喉を掴みます。相手の喉を掴んだ右手は、回し受けの後の上段掌底突きの応用です。

ここで重要なのは、基本の回し受けの場合は、受けた後に脇まで引いてから掌底を突き出しますが、実際の戦いに即した稽古をする場合は引きません。実際の戦いにおいては、引いている余裕などないのです。

さえ、左裏受けから引

前に出した右手が回し受けの上の手に、みぞおちの前の手が水平に出した下の手に相当

先の例と左右反対の場合。前に出した右手が回し受けの水平に出した下の手に、みぞおちのの手が上の手に相当

基本の動作の中では、脇の締めを教えるために、一旦脇を締めて引いたところから突くように教えますが、そうした脇の締め、つまりチンクチの締めを身につけたのならば、いつまでも基本通りの形で稽古していては進歩がありません。せっかくの回し受けも、単なる基本稽古だけの動きに終わってしまいます。

次に、同じ構えから反対側の動きも稽古します。相手の突きに対し、みぞおちの前に置いた左手で押さえると同時に右裏受けから返して掴み、引き崩しつつ左底突きにつなげます。

慣れてきたら、右側の動き、左側の動きを連続して一つの動きとして稽古します。しっかりと脱力し、左右一連の動きが瞬時にできるように稽古してみてください。

そうした動きが体に染みこんできたならば、次はカキエの中で試してみます。

みぞおちの前に引き手を置いた基本稽古を続けていると、左右の手が勝手に連動して技が繰

相手の突きを左手で押さえ、右裏受けから引き崩して左底突き

引き手をみぞおちの前に置き、左右の手の連動（夫婦手）をカキエの中で養う

り出されるようになることを、カキエの中で実感する時がくるでしょう。

　夫婦手、裏分解、チンクチ、ガマク…そうした言葉は、空手発祥地の沖縄に残された秘技のように感じられるかもしれません。しかし、ここまで見てきたように、武術として伝承された沖縄の空手はシンプルです。原理原則を理解すれば、型の不思議な動きの意味も、自ずと理解されるでしょう。

　ところで、現在では一部首里手系を含め、主に剛柔流を中心に稽古されているカキエの構え。拳を握ると、これも本部朝基の夫婦手の構えになってしまいました。那覇手の技術と首里手・泊手の技術。空手の技術を実際に使おうとする時、やっぱり似てくるようですね！

カキエの構えで拳を握ってみると、本部朝基の夫婦手の構えになる!

おわりに

何年前のことでしょう。久場師から師範免許を許された頃だったでしょうか。いつものように稽古を終え、お酒を酌み交わしている時、師が掛けてくださった言葉があります。「君はもう自分の空手を作っていかなければいけないよ」。

本州の空手を学んでいた私は、久場師の剛柔流拳法に出会い、その凄さに魅了されて以来、沖縄に通い詰め、また、師を自らの住む御殿場市に招き、ただひたすらに師の教えを自分のものとすることができるよう、稽古に励んできました。

できるならば、いつの日か、師の技術の全てを吸収したい。そんなはるかな夢を抱くことが、私が空手を続けていく上でのモチベーションでした。もちろん、守破離という言葉も聞いたことがあります。しかし、師の技術をひたすらに追い求めたかった私にとっては、言葉の真意も理解され、うれしい気持ちもあるものの、反面、どこか突き放されたような、どことなく寂しくも感じられるような、そんな感覚があったようにも思い起こされます。

ただ、人それぞれ体格が異なるのと同時に、それまで重ねてきた経験が異なります。様々な背景が異なる中では、師の技術をそのまま全て自分に当てはめるということにとどまらず、自分なりの工夫、研究が必要なのだということでしょう。

だからこそ師の指導は、基本の指導に徹します。指導する者の得意なことを指導するのではない。あくまで基本に基づいて指導するのです。そこまでで満足する者にはそこまでの指導。さらに上のレベルを追究する者に対しては、自ら考えさせ、それに応じた方向性を示すのです。

久場師は、その師匠である渡口政吉師との間で、いつも稽古の後に二人でお酒を酌み交わしながら、多くの教えを受けたといいます。そこで久場師が多くの教えを受けることができたのは、型に秘められた技術について、自らの考えを渡口師にぶつけたからでした。

「なるほど、君はそう考えるか。よろしい。でもこんな方法もあるぞ。それはこっちの型にも出てくる。どうつながるのか考えてみなさい」そうしたやり取りが、今日の剛柔流拳法につながっていったのです。

冒頭の久場師の言葉以後も、私がただひたすらに師の技術を追究していくことに変わりはありませんでした。今もそうです。ただ、果たして自分の空手とはどういうものなのか。そうしたものはあるのだろうか。そんな思いが、常に心のどこかに引っ掛かるようになっていたように思います。

　そんな私にとっての幸運は、首里手・泊手にも通ずる新城孝弘師にも教えを受けることができるということでした。実は本書に掲げた命題は、新城師の「首里手も泊手も那覇手も、実際の技の解釈はそんなに変わらない。みんな接近戦だよ」という言葉を使わせていただいたものです。

　ただ、あくまで剛柔流を主体に学ぶ筆者が、ナイハンチの技術を解釈することで、首里手、泊手、那覇手の共通性について書籍を著したい、そんな一見荒唐無稽とも思われることを言い出した時には、両師もさぞ心配されたことと思います。出版のご許可をいただくために連絡した際も、久場師からは「まずは原稿を見てからだね」というお言葉がありました。

　実際、ひとまずの原稿を両師にお送りした際には、いくつものご指摘をいただきました。久場師からは、「型のこの動きは、本来こういうことを意図している。そこをどう伝えるか。君の言葉でもう一度書いてみなさい」中には、「本当にそんなことができますか？　書くということには責任が伴うんだよ」そんな厳しいご指摘もいただきました。

新城師からも、「あなたの言うことも間違いではないが、型鍛錬の意図するところと少し違う。まずは固定観念を捨てなさい」など、繰り返しのやり取りの中で、何度も何度もご指導いただきました。

しかし、そんなやり取りを重ねている時間、それは、師というもののありがたさを心の底から感じられる、私にとってかけがえのない、幸せな時間でした。そうしたやり取りの中で、何年分にも匹敵する教えをいただくことができました。ただ待っているだけでは決して受けることのできない、自ら追究したものを師にぶつけたからこそ得られる教えだったのだと思います。

久場師と渡口師の間のやり取りも、そうしたものだったのでしょうか。久場、新城両師から温かくも厳しいご指導をいただいた後、「頑張ってね」と言われて電話を切る時、胸が熱くなりました。沖縄の先輩方と稽古に汗を流し、師にみっちりご指導いただいて、師や奥様の手料理をいただき沖縄を離れる時、いつも思います。早くこの第二の故郷に戻ってきたいと。

いまだ修業半ば。自分の空手というものがどういうものになるのか。それはまだ

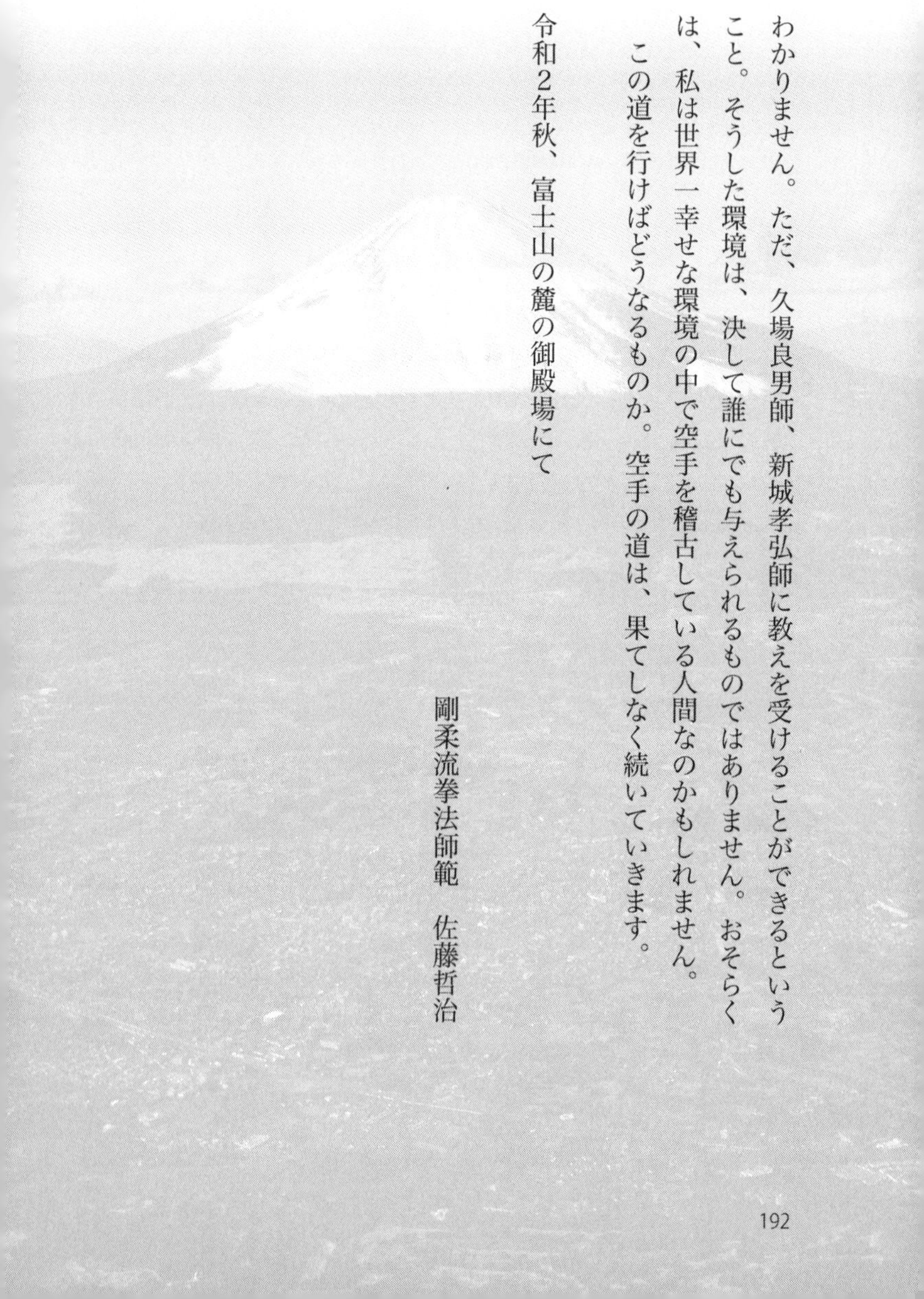

わかりません。ただ、久場良男師、新城孝弘師に教えを受けることができるということ。そうした環境は、決して誰にでも与えられるものではありません。おそらくは、私は世界一幸せな環境の中で空手を稽古している人間なのかもしれません。

　この道を行けばどうなるものか。空手の道は、果てしなく続いていきます。

令和2年秋、富士山の麓の御殿場にて

剛柔流拳法師範　佐藤哲治

佐藤

著者◎佐藤 哲治 Sato Tetsuji

1971年生まれ。沖縄空手道拳法会静岡県支部・剛琉館館長。剛柔流拳法師範。本土の空手を学んだ後、沖縄古伝剛柔流空手拳法の久場良男師、新城孝弘師に師事。沖縄と地元の御殿場市を行き来しながら、自らの修練とともに、国内外を通じて指導にあたっている。著書に『沖縄古伝剛柔流拳法で解く！空手の不思議』（BAB ジャパン）、指導・監修 DVD に『那覇手剛柔流空手で解く！首里手・泊手のナイハンチ』（BAB ジャパン）など。

資料写真協力 ● 本部流
技術写真モデル ● 佐藤哲治、梅川竜一
技術写真撮影 ● 中島ミノル
本文デザイン ● 澤川美代子
装丁デザイン ● やなかひでゆき

沖縄空手の超接近技法

剛柔流で解く！ 首里手・泊手のナイハンチ

2020年11月5日　初版第1刷発行

著　者　　佐藤哲治
発行者　　東口敏郎
発行所　　株式会社BABジャパン
〒151-0073 東京都渋谷区笹塚1-30-11　4・5F
TEL　03-3469-0135　FAX　03-3469-0162
URL　http://www.bab.co.jp/
E-mail　shop@bab.co.jp
郵便振替 00140-7-116767
印刷・製本　　中央精版印刷株式会社

ISBN978-4-8142-0345-1 C2075

BOOK Collection

本当に通用する"柔らかさ"とは?

柔らかい空手

水のごとき"柔らかさ"! 水風船のごとき全身連動!! すべての格闘技、武術が欲しがった"究極"! 最高速と最大威力を同時に実現する新たな"柔らかさ"の境地!! 柔らかい"受け"! 柔らかい"攻め"! 誰もが求めていた。そして、なかなか届かなかった空手がここにある。体内の凝縮回転力を使う画期的身体操法! 小さくとも鋭く、威力を生む新たな空手・格闘メソッド!! 藤岡弘、(俳優・武道家)推薦!

●富樫宜弘 著　●A5判　●160頁　●本体1,600円+税

沖縄剛柔流空手、中国武術、大東流合気柔術の
三源一流でたどり着いた、身体の最終原理

極めた真の空手へ!

これを知らずして、空手は語れない。第一級の奥義書&資料! 沖縄を発祥とする徒手武術を整理体系化し、史上初めて空手流派(剛柔流)として確立した人物、宮城長順の実践理論を詳解。スポーツ化された現代の空手とは一線を画す、武道空手の原点を提示します。型から秘技を見つける方法、なぜ単独型があるのか、三戦の極意、知られざる空手の歴史…etc. 全ての空手家、必読の書です。

●西田幸夫 著　●四六判　●216頁　●本体1,500円+税

秘めたパワーを出す、伝統の身体技法

だから、空手は強い

東洋医学×解剖学——「理」を知り、使う! 「活殺自在」——人の身体に対する作用を「活」と「殺」の両面から見て、同時にそれらの具体的な技術を追求しなければならない。「空手はなぜ腰から突くのか?」——現代格闘技とは一線を画す、知られざる徒手伝統武術の理。知れば強くなる合理的身体技法の秘訣を、東洋医学的視点(経絡・経穴等)と解剖学的視点(骨格・筋肉等)から解き明かす!

●中山隆嗣 著　●四六判　●280頁　●本体1,400円+税

今、使える!術技修得システム

宮城長順の沖縄空手に空手を学ぶ

これを知らずして、空手は語れない。第一級の奥義書&資料! 沖縄を発祥とする徒手武術を整理体系化し、史上初めて空手流派(剛柔流)として確立した人物、宮城長順の実践理論を詳解。スポーツ化された現代の空手とは一線を画す、武道空手の原点を提示します。型から秘技を見つける方法、なぜ単独型があるのか、三戦の極意、知られざる空手の歴史…etc. 全ての空手家、必読の書です。

●玉野十四雄 著　●A5判　●208頁　●本体1,600円+税

空手の合気　合気の空手

～剛柔流と大東流、共通術理に極意あり!～

空手は打突のみにあらず。沖縄古伝の型に見る、柔らかな掌の操作と「力抜き」! 合気道の源流「大東流合気柔術」を学んだ空手継承者が、剛柔一体の空手の真髄を公開! 現代の空手は突き・蹴りの攻防に特化し、元来存在した崩しや投げ、関節技が失われつつある。本書では、空手に秘められた柔術技法、合気技法を解き明かす! 剛柔流空手の真骨頂、掛け手(カキエ)護身技法36手も詳解!

●泉川勝也 著　●A5判　●256頁　●本体1,600円+税